CONEXIÓN CON LA CONCIENCIA DIVINA

Primer Tomo de La Trilogía de la Verdad

Basado en la edición revisada en inglés

Tal como fue revelada por la Hermandad de Dios

a

Jean K. Foster

T0114221

TABLA DE CONTENIDO

Título original en inglés: The God-Mind Connection
Primera edición: 1987; segunda edición: 1993:
© 1993 Jean K. Foster

Team Up, Box 1115, Warrensburg, MO 64093, USA

Traducción: Teresita d. J. Mazzei

Diseño y montaje de la cubierta: María Teresa Seijas Fonseca

Compre este libro en línea visitando www.trafford.com/07-0559
o por correo electrónico escribiendo a orders@trafford.com

La gran mayoría de los títulos de Trafford Publishing también están
disponibles en las principales tiendas de libros en línea.

© 2011 para la edición en español: Teresita d. J. Mazzei
Correo electrónico: hippokampos@yahoo.com, tamazzei@gmail.com

Impreso en el Canadá y en los Estados Unidos de América.

ISBN: 978-1-4251-2157-0 (sc)
ISBN: 987-1-4269-1566-6 (hc)
ISBN: 987-1-4269-4512-0 (e)

Trafford rev. 05/24/2011

www.trafford.com/4501

Para Norteamérica y el mundo entero
llamadas sin cargo: 1 888 232 4444 (USA & Canadá)
teléfono: 250 383 6864 ♦ fax: 250 383 6804
correo electrónico: info@trafford.com

Para el Reino Unido & Europa
teléfono: +44 (0)1865 722 113 ♦ tarifa local: 0845 230 9601
facsímile: +44 (0)1865 722 868 ♦ correo electronico: info.uk@trafford.com

10 9 8 7 6 5 4 3 2

Nota de la editorial TeamUp

Aparte de menores cambios incorporados al texto para lograr mayor claridad, la versión revisada de *Conexión con la Conciencia Divina* contiene esencialmente el mismo mensaje que el manuscrito original publicado en 1987. Esta versión revisada constituye la tercera edición en inglés de esta obra.

Los cambios mayores y añadiduras incluyen:

- *Estimuladores de Pensamientos* que enfatizan conceptos claves al final de cada capítulo. Fueron redactados por Connie Givens, una socia de la editorial TeamUp, que utiliza frecuentemente la versión en inglés de *Conexión con la Conciencia Divina* en talleres y seminarios.

- Se ha aumentado el tamaño de la letra con respecto al de la versión original. El libro es, por lo tanto, más fácil de leer.

- Las palabras de la Hermandad están impresas en caracteres normales; los comentarios de la autora y las preguntas aparecen en letra cursiva.

- Se han añadido las *Postdatas*, en las cuales los lectores relatan cómo establecieron su conexión con la Conciencia Divina y cómo esta ha cambiado sus vidas.

- Se ha anexado un *Glosario* de palabras y frases al final del libro, lo cual facilita la consulta rápida para los lectores.

Creemos que *Conexión con la Conciencia Divina* es un libro importante para aquellas personas interesadas en aprender cómo conectarse con la sabiduría universal y cómo aplicarla en sus vidas cotidianas.

Prólogo

Cuando mi esposa me pidió por primera vez que escribiera el prólogo para este libro, fui poco razonable con mi respuesta. Después de todo, ¿a cuántos esposos se les pide que escriban el prólogo de los libros escritos por su esposa?

Luego, leí el primer capítulo. Y el segundo capítulo. Tenía tantas preguntas que mi esposa me dijo que dejara de leer el resto del libro y saltara al capítulo 13. Lo que leí ahí fue más sorprendente, de manera que leí el libro completo. Lo que aprendí es que la madre de mis hijos, una diplomada de la universidad, docente profesional y ocasionalmente escritora de artículos para una gran variedad de publicaciones religiosas, creía que estaba:

a) comunicándose con gente de otro mundo;

b) recibiendo instrucciones, por medio de su máquina de escribir, de "consejeros espirituales";

c) instruyéndose sobre la reencarnación por medio de la "Hermandad", y

d) recibiendo instrucciones sobre la vida desde un plano próximo a nuestro plano terrenal, el cual la capacitaría para vivir una mejor vida desde ahora en adelante.

Ella también me dijo que no era la muchacha con la que yo me había casado en el campo de la Universidad de

Indiana hacía 37 años. No me di cuenta de lo que quiso decir hasta que leí el capítulo 8 sobre la "re-entrada de almas".

Conozco a mi esposa como persona que no miente y que evita las controversias y/o enfrentamientos (y este libro indudablemente va a originar los dos). En pocas palabras, no hay duda en mi mente de que ella cree en todo lo que ha escrito en este libro.

En retrospectiva, también sé que me ha asombrado en varias ocasiones con "revelaciones" de sus conversaciones con personas fallecidas. Antes de que ella comenzara a escribir este libro, era más fácil para mí, su esposo, cambiar de tema.

En intercambios de opiniones con Jean, puedo constatar que ella cree firmemente que su propósito de escribir el libro es destacar al Dios Universal, quien puede ayudar a la gente en su vida cotidiana.

Desde mi punto de vista, lo impresionante del libro es cómo recolectó la información.

Habrá escépticos que, si leen el libro completo, dirán que Jean escribió el libro basándose en las experiencias de su vida –y en su viva imaginación–. Pero también leí el borrador del capítulo 13 y luego, la mayor parte de los apuntes originales de los otros capítulos. No fue ella la que los escribió. No pudo haber escrito tanto sobre ese tema en el poco tiempo sin ayuda externa.

Cuando llegué a la conclusión de que realmente había recibido orientación para escribir este libro, me fue más fácil aceptar el hecho de que el libro completo es el resultado de su comunicación con espíritus que se encuentran en un plano diferente al de los mortales en la Tierra.

Igualmente, si yo era capaz de aceptar el hecho de que la escritura (inspiración) le llegaba por medio de transferencia de pensamiento de fuentes externas, entonces era relativamente fácil aceptar la premisa de que existe otro plano de existencia además del de nosotros. Asimismo, existe una Hermandad que puede comunicarse –y se comunica– con seres en la Tierra, y ellos son espíritus buenos, dedicados a ayudar a la gente en la Tierra. Si Jean –que no es clarividente– lo puede hacer, entonces cualquiera, con un poco de práctica, es capaz de hacerlo.

Como consecuencia, es razonable aceptar el mensaje del libro de Jean según el cual hay un Dios Universal y unos consejeros espirituales que están gustosamente dispuestos a ayudar a cualquiera a lograr una vida feliz y exitosa en la Tierra.

Carl B. Foster

Recibir la orientación de la Hermandad de Dios

*Espíritus consejeros, que se denominan
a sí mismos "la Hermandad", abren las líneas
de comunicación con la escritora.*

Si la gente dirige su atención hacia nosotros con un espíritu y un corazón abiertos, nosotros la colmaremos de sabiduría y de dones de espíritu que le aportarán la unidad con Dios. Esta es nuestra tarea aquí: hacerles llegar a ustedes el mensaje de Dios en su plano de vida, a fin de que no desperdicien su vida ahí.

Así comenzó una de muchas sesiones matutinas ante mi máquina de escribir. Las manos que posaban sobre las teclas de mi máquina de escribir eran mías, pero el ímpetu para pulsar ciertas teclas provenía de una fuente invisible. Después yo me enteré de que la fuente era un grupo de espíritus creado por Dios llamado "Hermandad de Dios", el Consejero prometido por Jesucristo.

La escritura automática, como muchos la llaman, no es automática, según la Hermandad de Dios.

Llega con la práctica de parte de ustedes y gracias a la energía de Dios que trabaja en ambos: la Hermandad y la persona interesada.

Mis intentos de contactar a alguien en el próximo plano de vida comenzaron con papel y lápiz, y con la disposición de averiguar por mi misma si yo era capaz de realizar esta clase de escritura. En el próximo capítulo, explico mi progresión, paso a paso, desde garabatos circulares y figuras en forma de ocho hasta la clase de mecanografía que hago ahora. En el capítulo 13, un mensajero de la Hermandad explica detalladamente cómo funciona este sistema.

Como me enteré poco después, los mensajes que recibía día a día no estaban dirigidos a mí únicamente. Este saber estaba dirigido a todos. "Escribirás un libro", me dijo el ser con el que me estaba comunicando. Yo alegué que era ignorante en la materia, que no tenía experiencia en libros religiosos y nunca había publicado ningún libro prestigioso.

Uno de los Hermanos me dijo:

Este libro tratará sobre el crecimiento espiritual. Este constituye la meta de tu vida. Ábrete a este pensamiento. Ábrete al crecimiento. Nadie puede pasar la vida sin que nada pase en ella. O la persona crece o la persona declina. Nadie permanece igual. No tiene sentido tratar de evadir esta verdad. Cuando tú termines con tu cuerpo físico, vienes aquí a este segundo nivel de vida, a este plano que se parece tanto al plano terrenal. Aquí es donde ustedes descansan, contemplan su vida terrenal y siguen con su verdadera vida.

Si declinas en tu vida terrenal en vez de evolucionar, tienes que evolucionar aquí en este plano, pero eso es más difícil, pues aquí no existe privación qué atravesar o qué superar. No existe ninguna lección qué aprender por medio de la experiencia de la vida en este plano. La Hermandad de Dios está aquí para ayudar, aconsejar, pero no para dirigir. Nosotros les transferimos a ustedes dones espirituales, pero no actuamos por ustedes. Ustedes tienen que actuar. Nosotros tenemos que ayudar. Así es nuestra relación.

La Biblia hace referencias al Consejero que Jesús prometió. Dos de éstas se encuentran en el libro de Juan, capítulo 14. La primera referencia, tomada de mi Versión Estándar Revisada, el versículo 16, da las palabras de Jesús: "Y yo rogaré al Padre y Él os dará otro Consolador, para que esté con vosotros para siempre...". Y en el versículo 26, Jesús dice: "Pero el Consolador, el Espíritu Santo, que el Padre enviará en mi nombre, os enseñará todas las cosas y os hará recordar todo lo que yo os he dicho".

Mi interlocutor después dijo:

Ya que la labor de la Hermandad abarca los dos planos, esta puede trabajar efectivamente con ustedes.

Le pregunté lo que quería decir con "su plano", el plano en el que se encuentra la Hermandad.

Este plano está con respecto al de ustedes en el nivel de entrada hacia la próxima parte de la vida. Nosotros no estamos lejos. Este plano está tan cerca de ustedes que su respiración es percibida aquí. Este plano es la imagen del de ustedes, excepto que se acerca más a la perfección. Este plano alberga las esperanzas y los sueños del hombre que han sido expresados de muchas maneras. La ecología aquí es perfecta.

Esos espíritus avanzados nos instan a que nosotros apelemos a ellos para recibir su ayuda en todos los asuntos que influyan en nuestro crecimiento. Ellos definen crecimiento como aquello que nos da el poder de ser Uno con Dios. El mensaje continuó.

La energía del Dios del Universo está a la disposición de personas en ambos planos de existencia. Llega a través de la Hermandad de Dios para ayudarles a convertirse en la persona que cada uno de ustedes quiere ser.

Dos preguntas me vinieron a la mente. Primero, ¿qué quiere decir "la energía del Dios del Universo"? Y segundo, ¿es la persona que cada uno de nosotros quiere ser lo mismo que ser Uno con Dios?

La energía es el poder de Dios en movimiento por el universo. Esta energía les confiere a ustedes el poder de transformar pensamientos en cosas. Acuérdate de que esta energía proviene de Dios, no de la Hermandad. Nosotros únicamente abrimos la mente de ustedes a ese poder aquí. Nosotros les proporcionamos el canal abierto —el medio para abrir su espíritu con el fin de recibir esta energía–.

Nuestro deseo de ser Uno con Dios constituye la ley espiritual. Este ideal está escrito en nuestro plan eterno. Este es el plan del espíritu desde antes de que la Tierra fuera creada.

Volviendo a la parte sobre la energía o "el poder de Dios en movimiento". ¿Qué quiso decir mi interlocutor con "energía que transforma pensamientos en cosas"?

La energía será el precio de las cosas. Así como dinero es el precio de las cosas en el plano de ustedes, la energía es el precio de las cosas aquí, pero no solamente aquí, en su plano también.

¿Podrían estos Hermanos estar hablando literalmente aquí? ¿Podemos transformar pensamientos en cosas por medio de la aplicación de esta energía especial?

Ustedes se convierten en el canal destinado para el uso de ese poder y manifiestan lo que deseen.

¡Seguro que hay un malentendido! Las cosas son materiales. Seguramente, este mensaje significa que nosotros manifestamos cualidades, como la bondad o la paz.

Como cualquier buen maestro paciente, el mensajero de la Hermandad continuó.

Ustedes pueden manifestar cualidades, por supuesto, pero igualmente son capaces de manifestar cosas.

Nuevamente protesté, sacudiendo la cabeza en señal de desacuerdo, pero el Hermano insistió.

Ustedes pueden manifestar lo que deseen haciendo uso de este poder o energía que ahora está disponible para ustedes. Ábranse y estén preparados.

Asombrada por la idea de demostrar este poder en un plano material, le pregunté cómo podría recibir esa energía. Enseguida recibí un plan de acción espiritual que cualquiera puede utilizar para manifestar el bien en la vida.

Este es el método: sé receptiva a nosotros aquí. Mantén tu espíritu dirigido hacia tu bien, tu bien espiritual. Luego, si tu deseo armoniza con ese bien espiritual, aquel se manifestará.

¿Y quién decide cuál es nuestro bien espiritual?

El bien espiritual de uno no es el bien espiritual de otro. Vuelve tus pensamientos hacia nosotros aquí para que aclares este punto.

No obstante, yo me resistí a la idea de manifestar cosas. "¿Por qué me rehúso a aceptar esta idea?", me pregunté.

Porque te han enseñado algo diferente. Porque continúas creyendo que hay una diferencia entre la vida espiritual y la vida en la que manifiestas cosas materiales. Las dos son la misma cosa. No están separadas. Sé receptiva. Dile adiós a tus pensamientos negativos. Este no es el tiempo para la debilidad. Es el tiempo para demostrar la fuerza. Tú tienes una meta en mente, ¿no es así? Entonces manifiesta éxito por medio del uso de la energía, de este poder, que está aquí para ustedes.

Hoy es el día. Ábrete en cuanto a esto. Tú buscas éxito. Quieres demostrar este éxito en dinero. Quieres satisfacción. Quieres confianza en ti misma. Deseas estas dos últimas cosas por encima de todas las cosas materiales. Entonces pon esto en el mapa de tu imaginación. Velo realizarse. Sé receptiva al éxito. Planea tu uso del éxito. Inclúyelo en tus oraciones. Imprímelo en tu ojo interno. El poder entra en ti para que lo manifiestes. Nosotros, en la Hermandad, estamos abiertos a este logro. Este se encuentra en armonía con tu bien espiritual. Es un deseo legítimo. Es Dios trabajando dentro de ti para ayudarte a llevar a cabo tu plan de llegar a ser la persona que quieres ser.

En ese momento, tomé uno de mis artículos favoritos de mis manuscritos rechazados, lo edité nuevamente y lo envié. Parecía ser el momento oportuno para actuar, para hacer un acto de fe, según las palabras de la Hermandad. "¿Cómo podemos saber —pregunté— cuál es nuestro bien espiritual?"

La Hermandad siempre está aquí en este plano, abierta al plano de existencia de ustedes. Si ustedes nos envían su pensamiento, los proveeremos de la ayuda que buscan. La oración, que es lo que los une a Dios, está destinada para

Él. Pero cuando ustedes mantienen el pensamiento de que quieren nuestra ayuda, nuestros consejos y nuestros buenos dones en su vida, nos dirigiremos a ustedes por medio del canal abierto para entrar en contacto con ustedes. Ábranse. Diríjanse al Dios que ya conocen y piensen en la ayuda que necesitan.

Pedí aclaración sobre la clase de ayuda que podríamos pedir.

La Hermandad ayudará a la gente a pensar más claramente sobre el significado de la vida, sobre cuál es el propósito que cada quien tiene. Nosotros cuidamos de que ustedes se conviertan en lo mejor que puedan ser. La gente puede superar la depresión y la soledad porque sabe que hay amigos tanto aquí como allá y ninguna persona se encuentra sola en su camino.

Dios es la realidad que uno espera encontrar cuando se dirige a la Hermandad para pedir ayuda. Pero "ayuda" no es quizás la palabra más apropiada que necesitamos aquí. "Ayuda" enfoca nuestra atención en la necesidad y mucha gente preferiría hacer las cosas por su propia cuenta. Una palabra más adecuada podría ser "crecimiento", ya que la mayoría de los seres quieren ser espíritus que crecen, ¿no es verdad?

Es una imagen más positiva. Este grupo de espíritus avanzados existe para que el crecimiento progrese en el plano terrenal a grandes pasos. El trabajo que nosotros hacemos consiste en mostrar el camino hacia la vida divina en cada persona. Dios es el Dios de todos nosotros.

Interrumpí con: "¿Y ustedes siempre vienen cuando el pensamiento está dirigido hacia ustedes?"

La Hermandad está abierta todo el tiempo en este lado.

Nosotros queremos ayudar. Nosotros queremos proporcionarles los dones espirituales que Dios tiene en nombre de cada uno de ustedes. Cada quien tiene sus dones aquí, y nosotros ayudamos a transferírselos al individuo abierto y dispuesto a recibirlos.

"¿Podemos todos contactarlos a ustedes?", pregunté.

Te digo la verdad, todo el que desee estar abierto a la Hermandad de Dios lo puede hacer. No es difícil hacerlo. Es solo cuestión de voluntad y de deseo por parte de cualquier persona. Tú piensas que es difícil únicamente porque todavía no es algo común, pero la comunicación es el mejor aspecto entre ustedes y nosotros. Nosotros podemos serles de ayuda en su crecimiento ahí porque podemos unirnos a ustedes. Reflexiona cuidadosamente sobre lo siguiente: **la gente puede unirse a la Hermandad de Dios prestando su mente al canal abierto que permite la comunicación entre nosotros**. Alégrate de esto.

Fue difícil para mí concebir que existiera un grupo de espíritus tan altruistas como la Hermandad. Mentalmente, les atribuí mis características: impaciencia, cansancio debido a la repetición, desesperación y decepción por las acciones de otras personas. Sí, una duda tenaz perseveraba en mí sobre la voluntad de ellos de hacer lo que afirmaban: ayudarme a realizar mi potencial Divino. Estos pensamientos que abrigaba, pensamientos que nunca expresé en voz alta ni escribí a máquina, suscitaron una respuesta vigorosa de parte de estos espíritus avanzados.

La Hermandad de Dios siempre tiene en mente los mejores intereses de una persona. No hay ningún motivo ruin de nuestra parte de intentar sacar provecho para nosotros mismos. No hay ninguna queja cuando ustedes nos piden ayuda. Nadie dice: "¡Otra vez tú, pidiendo ayuda!". Cuando ustedes piden, nosotros acudimos. Este es nuestro deleite, nuestro gran y magnífico placer. No nos importa a qué hora de la noche o del día sea, ya que no prestamos atención al tiempo como lo hacen ustedes. No tenemos otro motivo más grandioso que el de ser Uno con Dios. Nosotros les ofrecemos esta oración de crecimiento: que Dios les dé Sus grandes dones por medio de nuestra ayuda.

La Hermandad es real. Nosotros hemos vivido en el plano terrenal muchas veces. La ley espiritual dice que nosotros, en ese plano, debemos vivir muchas veces para entender las lecciones que la vida tiene que enseñarnos. En una sola vida, esto es imposible.

(Se hablará más sobre el plan de Dios –la reencarnación– en este libro). El mensaje continuó.

Nosotros sabemos que la gente nos necesita. Nosotros oímos sus llantos en este plano. La Hermandad lleva cada clamor a la conciencia del Dios Universal. Puede que el ruego no tenga ningún propósito, pero es un ruego. Nosotros vamos a esa persona para tratar de ayudarla. Pero ninguna ayuda es posible hasta que la persona nos haga su petición de socorro. La razón de nuestra incapacidad para ayudar a algunas personas es que todos nosotros tenemos libre albedrío. De esta manera, cuando nosotros escogemos el camino Divino, nuestra perfección es auténtica, no una fachada.

Pregunté al mensajero de la Hermandad para qué clase de cosas la gente solicita su ayuda, y su respuesta llegó inmediatamente.

Veamos, los humanos quieren ayuda para convertirse

en los seres formidables que ellos saben que deberían ser. No "deberían" en un sentido exterior, sino en un sentido interior. El "deberían" significa que nosotros crecemos hasta el límite de nuestros conceptos. Si nos concebimos como magníficos seres humanos, nos convertimos en magníficos seres humanos. Pero si tenemos de nosotros una imagen de una pobre criaturita que no se merece nada, que carece de esperanzas frente a la vida, entonces nos convertimos en esa persona. Nosotros queremos convertirnos en la persona que "deberíamos" ser –la persona que concebimos–.

¿Puedes ayudarme a desarrollar una mejor imagen de mí misma?

Sí, nosotros establecemos en sus mentes impresiones de sus mejores cualidades. Nosotros diseñamos el concepto de una bella criatura, a fin de que ustedes puedan realmente llegar a ser lo que visualizan. La mente es la clave. La mente es la verdad de nuestros seres. La mente nos da entrada al alma.

Nuevamente interrumpí. "Pero ¿qué me dices sobre gente que tiene daños cerebrales? Me imagino que ustedes no pueden alcanzarlos". Recibí una respuesta reveladora a esta pregunta.

La verdad en estos casos consiste en que las personas incapacitadas evolucionan en su interior, ya que no tienen ningún conocimiento de su propia incapacidad que les moleste. Nosotros nos conectamos con aquellos que abren sus mentes, independientemente de la condición del estado de su cerebro. La mente no es el cerebro. La mente es aquello que les da la verdad de su ser, aquello que es su parte eterna, la parte real. La mente les da la chispa de la vida, la chispa Divina, aquello que denominamos el alma.

Desconcertada por esta respuesta, pregunté: "¿Entonces los padres que tienen niños con lesiones cerebrales deberían entender que el crecimiento del espíritu continúa?".

Esos niños que vienen al mundo con cerebros lesionados pueden llegar a crecer aun más que aquellos que tienen un gran intelecto. El cerebro es la función corporal; la mente, la función espiritual. El espíritu es eterno. El cuerpo es temporal. Esta es la verdad.

La Hermandad tiende la mano a todos. Quienes esperan hasta los últimos días de su vida pueden abrir sus mentes buscando nuestra ayuda, y nosotros los acogemos. Ningún Hermano le dice a una persona: "Has esperado demasiado tiempo, viejo. Ya no tienes remedio". Siempre se ayuda a la persona. Nosotros no los vemos con los ojos del juicio, sino con los ojos del bien que podamos hacer para ayudarles a entrar en contacto con el Dios de su ser.

No existe ninguna circunstancia que el pensamiento sobre nuestra ayuda no pueda arreglar. Nosotros en este plano –la Hermandad– nos alineamos con ustedes para darles la buena noticia. Di a tus lectores que ninguna creencia ni incredulidad obstaculiza nuestro trabajo. Una persona puede no tener fe en ninguna de las verdades que haya oído hasta ese momento, pero cuando esa persona se dirige a nosotros, nosotros la ayudaremos a encontrar su propia verdad. De todas maneras, la única verdad en la que se debe confiar es la que crece dentro de ustedes. Rechazar otras verdades es simplemente la expresión del ser interno de cada uno para encontrar su propia verdad.

El crecimiento del espíritu es la idea principal. Mantén esto en mente.

Le pregunté acerca de la ayuda de estos espíritus avanzados con respecto a la seguridad personal, y ésta fue la respuesta.

La ayuda puede ser posible si la persona cree en esa ayuda instantáneamente. La protección puede que ocurra, pero este no es siempre el caso porque el pánico envuelve a la gente cuando la crisis se presenta, causando que dirija su mente a la tragedia agobiante.

Después le pregunté si la Hermandad actuaría si le pidiéramos la curación de otra persona.

La persona por la que se pide está abierta a nosotros, por supuesto, pero **tu súplica no tiene nada que ver con eso**. La ayuda de Dios es para todos, independientemente de las circunstancias. La verdad es que Dios es el Dios del Universo, omnipotente, omnisapiente. Él nos abre a todos a los buenos dones si nosotros abrimos nuestras mentes a estos dones. Si la energía del universo es utilizada correctamente, puede curar. Nosotros podemos ayudar a la persona enferma. La persona en crecimiento igualmente puede ayudar. La curación es otro tema y tomaría mucho tiempo explicar cómo funciona.

¡Qué respuesta tan fascinante! Es una respuesta a la cual quiero hacer seguimiento algún día pronto. Esas almas avanzadas —la Hermandad— están dispuestas a enseñarnos y a ayudarnos a crecer. Sin importar si aceptamos alguna teología religiosa o no, todos nosotros podemos relacionarnos con el concepto de la ayuda de quienes entienden de qué trata la vida.

— ❀ —

ESTIMULADORES DE PENSAMIENTOS

1. *El crecimiento es la meta en esta vida. La Hermandad está aquí para asesorarnos en este crecimiento. ¿Qué entiende usted por crecimiento y cómo puede usted hacer uso práctico de este concepto?*

2. *La energía, que es el poder de Dios, convierte pensamientos en cosas. ¿Cómo podemos obtener acceso a dicha energía?*

Trabajo Interno: *Hable con la Hermandad. Abra su mente al éxito. ¿Qué imagen de usted mismo desea que la Hermandad desarrolle?*

Formar una relación de compañeros

2

Nosotros podemos convertirnos en compañeros de la Hermandad de Dios y recibir la ayuda que ella tiene para cada uno de nosotros. La Hermandad únicamente proporciona buenos dones a quienes se asocian con ella.

Formar una relación con el Consejero/la Hermandad de Dios no es nada difícil. No se necesita ninguna sesión misteriosa ni oculta. El requisito previo, como yo lo entiendo, consiste en pedirla. De esta manera, le damos permiso a esos espíritus avanzados para que penetren en nuestras mentes y nos den sus consejos.

"Muchos necesitan tener compañeros, la prueba más tangible de Dios", dijo el Hermano con quien me estaba comunicando, y a mí en particular: "Esta prueba tangible está en nuestra comunicación escrita, por supuesto". Y, nuevamente, se dirigió a todos nosotros:

La prueba está también en el canal abierto entre nosotros y la persona que pide nuestra ayuda. Nosotros nos manifestamos de una manera u otra si la mente de una persona está dirigida hacia nosotros en la promesa que hacemos. Esta es la verdad.

Quizás usted se pregunte, como lo hice yo, por qué este grupo de almas quiere hacer este trabajo, obviamente difícil, de comunicarse con nosotros, ayudarnos en nuestras dificultades e impulsar nuestro crecimiento espiritual. ¿Quiénes son ellos? Ellos me dicen que comenzaron su existencia cuando Dios creó la Tierra. No obstante, opinan que la verdad de cómo ellos nacieron no es importante en este momento.

Nosotros venimos a ayudar. Esta es toda nuestra intención. ¿Por qué quieres saber quiénes fuimos en el plano terrenal? Lo fundamental es quiénes somos ahora. Esto es lo que importa. Nosotros entramos a la vida tal cual como lo hicieron ustedes, pero nuestra realidad es AHORA, no el pasado.

Sin embargo, ellos dieron alguna información sobre el pasado, conforme al concepto del tiempo que nosotros tenemos en la Tierra.

La Hermandad comenzó en la Tierra y continuó en este plano para ayudar a otros que todavía se encuentran en el plano terrenal. Pero era difícil establecer y mantener el contacto. Por esto, Jesús regresó a la Tierra para ser el espíritu de Dios que tomó forma humana y estableció contacto con estos ayudantes. Él dio un patrón de oración, de curación y de conducta. Él se entregó completamente a su tarea, pero igualmente recurrió a los espíritus avanzados aquí. En su vida, Jesús llegó a realizar su potencial completo porque se sirvió de la ayuda de este plano, no porque era perfecto, no porque fue Dios desde un principio. Ahora él quiere ampliar este canal más que nunca. Él anima a otros a hacer uso de este canal, a fin de que enriquezcan sus vidas hasta la perfección, la cual está más a su alcance si se sirven de la ayuda que nosotros podemos darles.

Yo vengo de una familia tradicional cristiana protestante y estas palabras parecían sacrilegios. Mis pensamientos fueron suficientes para provocar esta respuesta:

No hay ningún sacrilegio cuando sabemos que Dios es la fuente de toda la energía que se nos da. Dios es la fuente de este magnífico canal abierto que puede llevar tiernamente este concepto a su conciencia. La gente muy a menudo se siente sola porque no tiene ningún amigo, nadie a quién importarle. Pero nosotros, los miembros de la Hermandad, atendemos al que lo desee. Entidades vendrán para colmarlos de su atención si ustedes solicitan ser colmados.

Después el mensajero dio información sobre la identidad y la naturaleza de la Hermandad, así como también sobre la razón de su existencia.

Si quieres ayudar a otros, si quieres ser la emisaria de Dios, entonces eso es un trabajo que tú tal vez quieras hacer aquí en este plano cuando vengas. Recuerda, nosotros no entramos en el plano terrenal para convertirnos en uno con ustedes. La verdad es que entramos para ayudarlos a unirse con la Conciencia Divina, así como inclusive Jesús lo hizo.

Estos Consejeros insisten en que cada uno de nosotros debe establecer sus propias metas en la vida. Después ellos nos ayudarán a dirigirnos a la Conciencia Divina para alcanzar dichas metas.

Si se va a formar una relación con la Hermandad de Dios, debe haber comunicación. Aquí llegamos al corazón del asunto: hacer de esa relación una relación práctica y funcional. La mitad de la relación es etérea y la otra mitad es terrenal. (*Aparentemente aquellos que se encuentran en el próximo plano nos pueden oír fácilmente, pero ¿cómo los oímos nosotros a ellos?*)

Consideremos el proceso de la escritura automática, lo cual es lo que yo intenté hacer. Un conocido escritor de libros síquicos escribió que **cualquier persona** *es capaz de escribir automáticamente. Yo misma, no siendo particularmente síquica, –desde luego, no más que la persona promedio– sabía que no poseía ningún poder especial.*

Yo simplemente me sentaba en una mesa con varias hojas de papel de 8 ½ por 11 pulgadas y unos lápices con puntas bien afiladas. No tenía nada en particular en mente; por supuesto, mucho menos pensaba en la Hermandad de Dios. Si hubiera buscado a un maestro o consejero inmediatamente, habría progresado más rápido. Lo que pasaba era que yo no sabía lo que quería. Yo me sentaba por diez o quince minutos sin que sucediera nada. Mi lápiz parecía impulsado de vez en cuando a realizar movimientos circulares por toda la página, y eso era todo. Desencantada, yo, sin embargo, estaba resuelta a seguir tratando por varios días a la misma hora por 15 o 20 minutos.

Al tercer o cuarto día, mi lápiz estaba practicando las letras "o" y "l" en tamaño grande y el número ocho, de un lado al otro de la página. Los ochos estaban acostados, como indicando el infinito. Sí, esta actividad se tornó aburrida y sí, también quise rendirme porque me parecía tan tonta. Luego, comencé a recibir mensajes, muchos de ellos frenéticos. Uno que persistió por un período de varios días era: "Mamá está viva. Mamá está viva". Mi lápiz se movía con fuerza y rapidez de un lado al otro de la página. "Mamá te libera de su promesa. Debe estar en camino a la tierra prometida". Nunca entregué este mensaje, pues no tenía idea de quién era esa mamá ni a quién quería liberar. Pero no cabía duda en mi mente de que algún alma necesitaba comunicar estas palabras a alguien que todavía estaba en el plano terrenal.

Dos letras, escritas juntas como iniciales, empezaron a aparecer todos los días. Finalmente, el escritor se manifestó como una persona que yo había conocido bien cuando él vivía en la Tierra. Tenía problemas porque estaba muy apegado a una persona que todavía estaba viva en la Tierra; a una persona en la que él quería ver cambios que contribuirían a su propio crecimiento. En ese entonces, yo no estaba segura de querer recibir esta clase de mensajes. Me había metido en la vida personal de otra persona y me sentí incómoda.

Mis primeras experiencias con la escritura automática me pusieron en contacto con muchas entidades espirituales, incluyendo a mi padre. Un día, mi padre "tomó mi lápiz" y me describió el tipo de vida que llevaba ahora. Su mayor preocupación era por mi hermano y su familia, la misma aflicción que lo perturbaba cuando vivía en la Tierra. Él me había odiado, me dijo, durante los últimos cinco años de su vida porque estaba en un hogar de ancianos, y lo nombró. Le pregunté cómo se sentía con respecto a mí ahora. "Amor —dijo— es la cosa más importante para mí ahora".

No fue sino hasta que yo pedí específicamente un maestro —alguien que pudiera ayudarme en mi vida, alguien que pudiera filtrar los muchos mensajes frenéticos con los cuales yo no podía hacer nada— que conocí a la Hermandad de Dios. Una entidad llamada Amor firmaba al comenzar cada sesión. Nuestra comunicación era débil debido a mi insuficiente receptividad. Amor comenzaba con alguna afirmación fascinante, y luego, yo no podía recibir el final de su mensaje. Palabras de importancia crucial no eran expresadas y me sentía muy frustrada. Pero, habiendo llegado tan lejos, seguí tratando, aunque lo hacía desanimadamente.

Le ponía la fecha a cada escritura que hacía. Y, como Amor me ayudó, comencé a escribir a máquina el trabajo de cada día sin importarme las innumerables omisiones. Día a día podía ver cada vez más afirmaciones completas, y me animé. Y la escritura no estaba desprovista de humor. Me gusta leer historias de misterio, y un día, cuando trataba de plasmar las palabras en papel, me llegó esta afirmación:

Creo que las historias de misterio que lees nublan tu mente.

Un día recibí instrucciones de ir a sentarme ante mi máquina de escribir y poner mis dedos sobre las teclas. El escribir a máquina hacía la comunicación mucho más fácil. Siempre, antes de ponerme a escribir a mano o a máquina, trataba de calmar mi mente, vaciarla de pensamientos y luego, rezaba por protección y guía.

Amor más nunca se manifestó. Otra entidad de la Hermandad lo remplazó. Esta entidad me enseñó cómo concentrarme, de tal manera que el mensajero y yo estuviéramos en la misma onda. Recibí instrucciones de poner en mi mente una imagen, una imagen de la tierra blanda, que es mi mente, y un arado, el cual simboliza la Hermandad. El arado volteaba la tierra blanda y dispuesta, y mientras lo hacía, yo finalmente comencé a escribir a máquina con algo de rapidez mientras mis dedos volaban sobre las teclas. Yo no estoy segura, ni siquiera hoy, cómo precisamente funciona esto. Parece que recibo impresiones de las palabras inmediatamente antes de escribirlas, pero hay veces en las que voy muy despacio, esperando el impulso que haga mover mis dedos.

Según el espíritu con el que me comunico, no a todos se les da la misma imagen a usar para establecer el contacto. La imagen se adapta muy bien a mí y se ajusta a mi entendimiento particular. Yo no he leído nunca sobre este método de contacto en ningún otro libro de metafísica.

Muchas Iglesias, clérigos y gente religiosa desaconsejan hacer escritura automática, como si en sí fuera mala. Yo le hice esta observación a los Hermanos, quienes hicieron el siguiente comentario en tono de broma:

Hay mucho miedo en el plano terrenal.

Me dijeron que la necesidad inmediata aquí es estar seguro de que Dios es real y que la vida terrenal es nuestro hogar temporal.

Ustedes en la Tierra no viven permanentemente. Ustedes llevan sus almas allí para crecer espiritualmente, no para residir ahí permanentemente.

Pregunté si alguien podría darnos sugerencias con respecto a la escritura automática como medio para lograr establecer contacto con ellos.

La Hermandad recibirá a cualquier persona que desee tener un contacto abierto con ella. Si la persona desea estar en comunicación, dedicándole tiempo en su plano, entonces la escritura puede ser el mejor medio de comunicación.

Pero ellos no descartan otros medios de contacto.

Si ustedes abren sus mentes y también sus corazones, nosotros nos dirigimos a ustedes para ayudarlos. Pero si ustedes quieren tener un canal abierto, tienen que consagrarle tiempo en su plano para obtenerlo. Es el precio a pagar, por decirlo así. Pero no es necesario que ese perío-do de tiempo sea sumamente largo. Puede ser un momen-to corto de concentración, un momento para dirigirse a Dios El Padre en oración y un momento de crecimiento importante.

"Crecimiento importante" se refiere a la atención que la persona le presta al canal abierto, que hace posible la comu-nicación. Pregunté cómo una persona puede abrir su mente y su corazón.

Si una persona desea establecer contacto con la Her-mandad, el sincero deseo es suficiente para establecer la comunicación.

¡Pero no hay prueba de este contacto!, protesté, y la Her-mandad nuevamente respondió.

Esta clase de contacto no es visible para ustedes. Us-tedes tienen que convencerse de que **ustedes** no pueden **ver**nos, pero, no obstante, la comunicación está presente. Tú sientes las teclas de tu máquina de escribir hundirse bajo tus dedos, pero otros tal vez utilicen un lápiz y dejen su mano convertirse en la mano de la Hermandad. Otros, a lo mejor, son buenos escuchadores, mejores que tú en este sentido, y pueden oír nuestra voz. Existe otra mane-ra más. Si tomas la tonalidad de tu crecimiento interior, o sea, la longitud de onda de la energía que circula en ti, te puedes transportar a esta longitud de onda, donde puedes estar en el patrón de crecimiento en el que nos encontramos nosotros. Ambas longitudes de onda deben ser sincronizadas la una con la otra. Pero únicamente los que saben de física pueden entender esto. Estos ayudantes van al mundo para estar ahí en el plano de ustedes. Pero muchos no nos toman en cuenta. Allá va la Hermandad, va a apoyarlos y ayudarlos, pero unos pocos le prestan atención. La gente hace las cosas de la manera más difícil –sola–.

Otro día, mi interlocutor me dijo cómo la gente puede hacer uso del canal abierto.

Esta es la manera de hacerlo: para ti, quien prefiere utilizar la máquina de escribir, esta es una buena manera. Para otros que no escriben a máquina o que no quieren usar este método de comunicación, hay otra manera. Tiene que entenderse la manera en que nuestro plano y el de ustedes se encuentran. Puede que una persona escuche su voz interna. Esto está bien. Está bien, pero obviamente no muchos saben cómo escuchar su voz interna. Lo más importante de este mensaje es que hay un método para todos. Y puede ser tan seguro como escribir cartas. Nosotros escribimos cartas, ¿no? Nosotros esperamos respuesta, ¿cierto? Entonces esta manera es la más segura. La voz interna es tal vez muy mística para muchos. Y está sujeta al subconsciente, pero también lo está la escritura.

Esta es la manera de comunicarse con nosotros: meditando, oyendo, escribiéndonos y dejándonos responder por medio de sus dedos. A la Hermandad le es indiferente el método. Utilicen cualquiera que deseen, pero abran sus mentes a este canal abierto para que no desperdicien su vida terrenal. Estén seguros de que esta vida terrenal es la que es temporal y su próxima vida es la verdadera vida. En el plano en el que estamos nosotros, ustedes tienen una identidad permanente, mientras que en la vida terrenal, ustedes tienen una identidad provisional.

Jesús vino a la Tierra para enseñar a la gente cómo tomar en serio su crecimiento y cómo vivir según el mejor plan de Dios para unir los dos planos. La Hermandad se convirtió en el Consejero prometido por Jesús. Sírvanse de ella. Este grupo de espíritus avanzados no es místico ni está abierto al mal. Es incorruptible.

— ❋ —

ESTIMULADORES DE PENSAMIENTOS

1. *El formar una relación con la Hermandad de Dios no es complicado. Pedirla abre el camino. Esta petición es cada vez necesaria. ¿Por qué?*

2. *¿Por qué quiere la Hermandad comunicarse con nosotros y cómo puede esto beneficiar nuestra vida?*

3. *La Hermandad dice que hay más de una manera de trabajar con nosotros. La comunicación directa, mente a mente, expresada por medio de la escritura, es solo una manera de hacerlo. Otros métodos son: la escucha, la visualización de imágenes, la intuición y la creación. Estos se pueden expresar por medio de la escritura, el habla, la inspiración, las artes, la curación, la construcción, la composición o el diseño. ¿De qué manera se comunica Ud. mejor?*

Trabajo Interno: *Pídale a la Hermandad de Dios que le ayude a abrir su canal de comunicación con ella. Practique diariamente para establecer un canal claro, estableciéndose metas, hablando con sus ayudantes espirituales y reconociendo al Dios del Universo como su Compañero.*

La persona que quieres ser

3

*Todos nosotros podemos llegar a ser
lo que queremos ser –con la ayuda de la Hermandad
y a través del plan de reencarnación–.
Una sola vida no es suficiente para convertirse en la
persona que cada uno de nosotros quiere ser.*

La reencarnación es el plan de Dios para nuestro crecimiento espiritual. Necesitamos entender este plan con el fin de sacarle el mayor provecho a nuestra oportunidad de aprender. Sé receptiva a este asunto. La reencarnación es solo un hecho de tu vida y de la mía y de la vida de otros. Ninguna duda puede borrarlo. Así como la Tierra es redonda –ninguna duda cambiará este hecho–.

A la mayoría de nosotros se nos ha enseñado que esta vida es la única que existe. Con ella se termina todo. La idea de vivir vida tras vida con el fin de crecer espiritualmente representa un reto para muchos de nosotros. Muchas preguntas nos vienen a la mente. Si es cierto que la reencarnación existe, ¿quién era yo en mi vida anterior? ¿Dónde viví? Los espíritus de la Hermandad insisten en que la única pregunta importante es: ¿qué aprendí?

Cada uno de ustedes crea la persona que quiere ser por medio del crecimiento que alcancen en sus vidas. Ustedes mismos escogen qué persona quieren ser.

Varias veces aparecieron referencias sobre la reencarnación en mi escritura. Pregunté por qué necesitamos creer en la reencarnación, y aquí está la respuesta.

Esta creencia es tan necesaria como la creencia en Dios. El plan de vidas sucesivas nos ayuda a obtener una nueva perspectiva de nosotros y del adelanto que alcanzamos. La vida que viviste anteriormente entra en esta vida en forma de lecciones aprendidas. Esta verdad proveniente de vidas anteriores nos abre al uso cada vez más extenso de la energía de Dios. La verdad penetra nuestros seres y permanece ahí. Luego, en la próxima vida, puedes usar la verdad que has aprendido anteriormente. Entonces te propones obtener otra meta, y así sigues sucesivamente.

Ya que la reencarnación nos proporciona muchas oportunidades para convertirnos en la persona que queremos ser, pregunté si hay alguien que lleva un historial de nuestro progreso.

¡No! Quien lleva el registro es uno mismo. Es uno el que evalúa su propio progreso. Por eso entramos en la vida terrenal tan a menudo. Nosotros no obtenemos la visión total de nuestros logros de otra manera que no sea viviendo vida tras vida.

El crecimiento del alma no es un concepto fácil de entender para mí. El ser con el que me comunicaba sabía de mi lucha mental con respecto a este tema.

El crecimiento del alma es algo que ustedes tienen que

entender bien. El crecimiento es cosa de Dios. Crecimiento es Dios. Crecimiento es felicidad, satisfacción, lo mejor que ustedes puedan concebir y aun más. Ustedes no pueden imaginarse este crecimiento perfecto, pues ustedes todavía se esfuerzan en conseguirlo. Pero el crecimiento del alma no es ni miseria ni privación. Crecimiento es bondad, fraternidad, honor en la Tierra y en el cielo.

Aunque el crecimiento no es fácil de lograr, estos espíritus avanzados nos animan a mantener la fe en que Dios se hace cargo de todo y que seremos Uno con Él. Ellos prometen mantenernos en el camino en nuestros pensamientos y en nuestras mentes abiertas.

La Hermandad de Dios, que es Cristo, es el camino de ustedes para llegar a ser la persona que cada uno de ustedes quiere ser. "Escogeos hoy a quién sirváis... Pero yo y mi casa serviremos a Jehová" (Joshua 24:15). Yo sé que ustedes recuerdan esto. La Biblia está llena de esta clase de recomendaciones para mantener la fe. No siempre los escritores entendieron por qué, pero ellos sabían que era importante.

Me era difícil poner a un lado mi formación religiosa tradicional para abrir mi mente a la verdad. Cuando alguien en la Hermandad me acordaba de estas exhortaciones bíblicas, inmediatamente yo volvía a mis viejos modos de pensar. Así que pregunté: "Muchos de nosotros queremos 'tener éxito'. Con esto, queremos decir financieramente con símbolos de éxito, tales como bellas posesiones, reconocimiento social y aun poder. ¿No va esta meta en contra de la meta de crecimiento del alma?".

La respuesta fue inmediata.

No importa qué camino tomen; el crecimiento es posible en la vida terrenal cuando la gente se dirige a Dios para aprender sus lecciones cabalmente y abrirse a la Hermandad de Dios.

Esta es la ley: independientemente de sus riquezas, el crecimiento del espíritu es posible cuando ustedes se dirigen a este canal abierto para recibir su orientación. Esto origina que ustedes se abran al espíritu, a la Hermandad y al plan de Dios.

En el Nuevo Testamento, entre las muchas historias sobre Jesús, hay una que siempre me ha puesto a pensar. Es la historia de un gobernante rico que le preguntó a Jesús qué debería hacer para obtener la vida eterna. Jesús le preguntó si había respetado los mandamientos, y el soberano dijo que sí. Luego, Jesús le pidió que vendiera todo lo que tenía y que se lo distribuyera a los pobres, pero el gobernante se fue afligido, pues era muy rico (Lucas: 18:18-23). Luego, vino la observación de Jesús que ha sido citada muchas veces. —"¡Cuán difícilmente entrarán en el reino de Dios los que tienen riquezas!" (Lucas: 18-24). Otros que oyeron este intercambio de palabras se preguntaron en voz alta cómo podría uno abrigar esperanzas de conocer la vida eterna, pero Jesús les aseguró que todo es posible con Dios.

Le pregunté a la Hermandad qué pensaba sobre ese relato.

Significa que el gobernante rico no abrió su mente al consejo dado ni abrió su mente a la Hermandad de Dios. Él quería dirigir las cosas por su cuenta, ser el autor del plan y no dejarle ese papel a Dios. Nosotros no crecemos hasta que no dejemos que Dios sea el autor del plan.

Le recordé a mi corresponsal que el gobernante había respetado todos los Mandamientos.

Así es. Él respetó la ley. La gente lo hace hoy en día. Ellos acatan la ley, tanto la ley temporal como la eclesiástica. Este es el mensaje esencial de esta conversación. Dios quiere que el gobernante lo ponga en primer lugar, que crezca, que llegue a ser uno con el yo Divino. Este yo Divino contiene el pensamiento puro de Dios. Darle la prioridad a Dios significa no darle importancia a las maravillosas reglas de la Iglesia. Estas reglas no favorecen el crecimiento. Generan estancamiento. Las Iglesias mantienen intactas sus reglas, pero no le otorgan al individuo la libertad de darle prioridad a Dios. La ley le indica cómo comportarse. Jesús le dijo al gobernante que vendiera lo que tuviera con el fin de obtener la atención del gobernante, con el fin de sacarlo del centro de la ley. La ley le daba al gobernante su seguridad. Se fue sin poder cambiar su centro de atención.

La persona que quiero ser, ¿quién es ella? Sí, ¿QUIÉN SOY YO? Esta es la pregunta cuya respuesta luchamos por conseguir. Los libros, panfletos, artículos y poemas emplean este tema del "¿quién soy?" una y otra vez. En nuestros recintos más secretos, pintamos una imagen de nosotros mismos, una imagen que contesta esa pregunta, una imagen de la persona que queremos ser. La Hermandad de Dios denomina esta imagen "el plan de Dios dentro de ti". Y ellos me dicen que, cuando nos alejamos de aquello que está creando a la persona que queremos ser, nos convertimos en personas insatisfechas con nuestras vidas y sentimos dentro de nosotros que algo anda mal.

Este es el motivo de la reencarnación: que ustedes tengan oportunidad de salir adelante en medio de la tentación y llevar a cabo su misión. La elección de varias vidas forma parte de su evolución espiritual. Ustedes caminan por la vida con un propósito en mente. La experiencia de la vida es la oportunidad para ejecutar ese objetivo.

La pregunta es inevitable, si regresamos una y otra vez, ¿por qué no está este mundo lleno de almas buenas y nobles? ¿Por qué todavía existe la codicia, la crueldad inhumana, el odio? Esta fue la respuesta:

Esta es la razón: hoy en día, gente del plano terrenal va de este plano en grandes cantidades, y en este plano nosotros no siempre crecemos suficientemente para ser almas avanzadas en el plano terrenal. Pero muchas almas avanzadas van al plano de ustedes. Tratan de dirigir al mundo hacia la paz y el crecimiento en asuntos de interés común. Pero se necesitan más almas avanzadas. La idea es que la gente regrese para lograr crecimiento, pero unos no entienden este objetivo. Ellos regresan solo por regresar. No evolucionan ni allí ni aquí.

"Quiénes éramos antes —pregunté— no importa tanto como el qué éramos, ¿cierto?

Eso es correcto. Quiénes son ustedes es el rompecabezas que ustedes reconstruyen en sus vidas. Ustedes están haciendo a esa persona en sus vidas. Ustedes quieren que su espíritu personal se asemeje más al de Dios. Ustedes quieren obrar en la luz del Espíritu, vivir en ese Espíritu, estimular sus almas para asemejarse más a Dios. Jesús habló de esto.

Si pudiera preguntarle a Jesús ahora mismo cuál es el mandamiento más importante, ¿diría él todavía: "Amarás al Señor tu Dios con todo tu corazón y con toda tu alma y con toda tu mente"? ¿Y diría él aún: "Y el segundo es semejante: Amarás a tu prójimo como a ti mismo" (Mateo 22:37-39)?

Esto es lo que dice Jesús: el amor es la manifestación más grande de Dios. El crecimiento del espíritu se evidencia por medio del amor que tiene el uno al otro.

¿Es esto la misma cosa que efectuar buenos hechos?, pregunté.

Los buenos hechos forman una parte de eso, por supuesto. Pero el amor es más importante que los buenos hechos. El amor abre el corazón del uno al otro y viceversa. El amor hace completo su crecimiento. El amor los acerca a Dios. Ábranse a Dios en amor y Él los orientará en buenos hechos que necesitan ser realizados. Ustedes no pueden hacer que el amor se dé efectuando buenos hechos. Ustedes no pueden hacer que Dios entre en sus corazones. Ustedes no pueden forzar el crecimiento espiritual. Solo reciben golpes duros al tratar de hacerlo. Obtienen un sabor salobre porque le ponen sal al trabajo, en vez de amor. Esta es la verdad del canal abierto. Esta es la verdad de Jesús.

Le comenté que la idea de "soltar y dejar que Dios haga" tiene que ser una buena verdad qué mantener en nuestras mentes.

Eso es correcto. El papel del canal abierto consiste en dejar a Dios que obre por medio de ustedes. Necesitan concentrarse en el canal abierto, a fin de lograr el vacío antes de llenarse para convertirse en su mejor yo.

Le pregunté si "vaciarse" era lo mismo que "meditar", y la Hermandad contestó afirmativamente.

Vacíense para luego dejar que Dios obre en ustedes.

El amor, como mi interlocutor y Jesús lo describen, no ha sido fácil de practicar. Le expliqué que a mí me parecía difícil amar a ciertas personas de esta manera abierta y realmente altruista. Me imaginé que recibiría una respuesta poco comprensiva, pero esto fue lo que me contestó:

He aquí la manera de manejar esto: ábranse a otras personas cuando ellas tengan problemas. Ábranse a ellas en su crecimiento. Ábranse a ellas en su búsqueda de la verdad. Pero ábranse únicamente en estos asuntos, no en cuestiones personales. Vacíense del enojo y de la amargura. Estos bloquean el canal abierto, impidiendo que la Hermandad vaya a ayudarlos a ustedes.

Más adelante, la Hermandad clarifica con más detalle lo que significa demostrar y manifestar amor el uno por el otro.

Esta clase de amor es un amor ágape –un amor que nos ayuda mutuamente, no el amor que rodea al ser con afecto–. Este amor ágape es de atenciones hacia los demás, un amor que nos une con el lazo de la fraternidad. No es el amor entre un hombre y una mujer o entre un padre hacia un hijo. Es el amor que Dios nos ofrece en este mundo: la llegada de Su espíritu amable y cálido al espíritu de cada uno de ustedes. Esta es la verdad. La única razón por la cual ustedes vienen a nosotros es la de abrirse para recibir dones, tales como "amor" de Dios.

Busqué la palabra "ágape" en mi diccionario. La definición reza: "Amor divino, el amor de Dios hacia el hombre".

Las tragedias dentro de nuestra comunidad, aun dentro de nuestra propia familia, nos hieren y suscitan en nosotros muchas preguntas del tipo "¿por qué?". ¿Por qué tuvo que morir esta persona inocente? ¿Por qué se suicidó esta persona joven? Le mencioné a mi comunicador mi pena por una tragedia que acaeció en nuestra pequeña comunidad.

Estos acontecimientos nos abren a la verdad. Nos impulsan a buscar las respuestas que Dios posee. Al ustedes abrirse a esta búsqueda inmediatamente, los problemas serán respondidos y resueltos. Pero si siguen con las preguntas, el problema perdura indefinidamente.

Los espíritus avanzados de la Hermandad de Dios insisten en que el crecimiento de nuestras almas es la respuesta a las preguntas de la vida. Mientras más evolucionemos, más amplia será nuestra perspectiva. Mientras más amplia sea nuestra perspectiva, menos nos atormentaremos con respecto a la injusticia de la vida.

Si una persona no cree en Jesucristo o en la religión cristiana, ¿creería en ustedes?

Dependería del maravilloso crecimiento espiritual de esa persona. La gente crece espiritualmente de varias maneras, no solamente por medio de métodos cristianos. No solo por medio de la religión musulmana o cualquier otra religión. La gente crece porque esa es su intención cuando viene a esta vida. Puede que se olvide de Dios, pero en su crecimiento respira el espíritu que es Dios. Puede que lo llame humanismo o personalidad, pero, independientemente de cómo lo llame, el espíritu es de Dios.

El convertirse en la persona que uno quiere ser puede ser una meta atractiva, pero lograrla claramente requiere tiempo y reflexión. Mi fuente lo expresa de esta manera:

Ábranse al buen poder que está disponible para ustedes desde este plano. El poder está aquí y está abierto a ustedes. Entren en esta magnífica Hermandad de Dios, que tiene tanto que darles. Abran su mente a la maravilla, al gran canal abierto que los alimenta con todo este poder para su crecimiento.

ESTIMULADORES DE PENSAMIENTOS

1. *La reencarnación es el plan de Dios para nuestro crecimiento. ¿Cuál es nuestro propósito al vivir vida tras vida?*

2. *Ábrase a Dios en amor y Él lo orientará. Mientras estamos en el proceso de convertirnos en la persona que queremos ser, ¿cómo podemos aplicar el principio del amor divino en nuestra vida hoy?*

Trabajo Interno: *Nosotros alcanzamos cada vez más habilidad en el uso de la energía de Dios, gracias a la verdad que adquirimos en cada vida. Aprender nuestra verdad de la experiencia a partir de esta vida es poner en marcha nuestro plan de crecimiento. Pídale a la Hermandad que le ayude a discernir, refinar y utilizar su plan.*

Consideraciones sobre el Dios del Universo

4

*Cómo ampliar nuestro concepto de Dios, quitándole
todas las limitaciones que le asociamos ahora,
aun aquellas establecidas por las Iglesias, por intérpretes
de la Biblia y aquellas dadas por evangelistas.*

*Cuando era niña y decía la palabra "Dios", visualizaba a
un hombre grande con el cabello blanco y barba; un hombre
con ojos benévolos que tendía sus brazos para abrazarme. A
medida que fui madurando, esta imagen se fue desvanecien-
do, pero nunca se borró completamente.*

*Un día de febrero, cuando hacía frío bajo cero y el hielo y
la nieve me mantenían encerrada en casa, un mensajero de la
Hermandad comenzó a instruirme sobre el tema Dios. Enseguida mi imagen infantil de un hombre mayor santo desapareció, ¡como si hubiera sido polvo soplado por el viento!*

Nadie conoce al Dios Que está en el centro del universo. Él es el Dios Que nos aporta el orden. Él es el Dios

Que nos aporta sabiduría. Pero nadie Lo conoce. El Dios Que los ama a ustedes es conocido. Los dos son uno y el mismo ser. Pero hay un asunto de comprensión. Tenemos que ser capaces de comprender a este Dios de orden y sabiduría para conocerlo. Dios es mucho más que lo que el mismo Jesús nos explicó, pues Jesús fue enviado con un solo propósito: mostrar a la gente los dones del amor y la orientación de Dios, Su misericordia, así como la Hermandad de Creyentes. Jesús no fue enviado para hablar y enseñar sobre el tema del universo. La gente no estaba lista para el mensaje del Dios universal. Ellos solo estaban listos para el mensaje del Dios que ellos concebían.

Le pregunté si nosotros estábamos listos ahora –en esta última parte del siglo veinte– para entender al Dios universal.

Este es el tiempo, pues Dios es el planificador y el operador de la organización universal. Compenétrense en la comprensión de estos dos planos funcionando juntos, y ustedes concebirán a Dios como el Dios del Universo.

Para comprender el significado del Dios del Universo, la gente tiene que ampliar su concepto de Dios. El Dios Que los ama es un concepto. El Dios de poder es otro concepto. Vale la pena indagar en la verdad que nos llega con el esfuerzo de tratar de entender este concepto más avanzado.

Este concepto de un Dios de poder es lo que la gente quiere en sus vidas. El poder debe ser utilizado para el noble propósito de Dios –no a un nivel personal–. Para manifestar la energía pura de Dios, uno debe saber para qué sirve -para dar buenos dones, a fin de reforzar el valor de nuestros seres, para fortalecer nuestro crecimiento, para intensificar la verdad inteligente y pura del yo Divino–.

Utilizar el poder de Dios de esta manera es utilizarlo correctamente. El poder nunca se acabará ni permitirá el vacío. Pero el principio siempre debe ser aplicado. Este poder es la mayor fuente, tanto para crear las cosas externas que nuestros cuerpos necesitan para vivir en paz como para crear las cosas internas que necesitamos para convertirnos en nuestro pleno potencial. Este poder proviene de Dios Que es, en Sí, Principio. Existe ese aspecto de Dios: el principio del poder o el Dios del Universo. Este Dios tiene numerosos conceptos qué darnos, numerosas cosas qué ofrecer a nuestras mentes. Aquellos que abren sus mentes a este concepto Divino de la presencia universal llegarán a la verdad del yo Divino más rápido que aquellos que niegan que Dios sea la presencia universal.

Comprender al Dios del Universo no es fácil. Sin embargo, la Hermandad considera importante que la gente en este plano abra sus mentes al crecimiento supremo: la unión con el Dios del Universo. Aquí hay otro discurso al respecto:

Dios está en el centro del universo. Dios es el poder, el pegamento que mantiene a todos unidos. Dios es el bien que el hombre hace. Dios es el bien que tú haces. Pero Él también es Aquel cuyas palabras vienen por medio del canal abierto, el Dios Que nos pertenece a todos; Él, Que se convierte en el mentor de ustedes. Dios es todo lo que es bueno, puro y grande. Los mejores de estos espíritus avanzados son Sus ayudantes. Nosotros tratamos de ser Uno con Él en nuestro trabajo aquí. Nos convertimos en Su prolongación en espíritu y poder, a fin de que podamos llevar Su trabajo al plano de ustedes. Dios es poder. Dios es bueno, Dios es espíritu. Dios es real. La realidad es espíritu.

Sean Uno con Dios en sus corazones. El Padre, Dios, es Uno con ustedes. Ustedes, como Jesús, son llamados a ser el Cristo en el plano de ustedes. Ustedes son el Cristo en acción. Mediten sobre esto.

Mi corresponsal entonces habló por la Hermandad misma.

Dios es igualmente nuestro Padre. Él mantiene nuestro bien en Su pensamiento. Él mantiene nuestra pureza en Su corazón. Nosotros pertenecemos a Él porque a nosotros, los de este plano, nos parece irresistible. Queremos pertenecer a este buen poder porque encontramos en este un gran regocijo y un gran crecimiento.

Tratando de comparar este concepto con otra cosa que yo ya entiendo, comparé a Dios, Jesús y la Hermandad con una estructura corporativa, la cual denominé "jerarquía del cielo".

Esta jerarquía no es correcta. La idea de una organización corporativa no es nada apropiada. El Dios del Universo no es la cabeza de una compañía. Nosotros no somos obreros en una máquina de crecimiento. Nosotros, en este plano, no trabajamos sobre la base de la idea de la ganancia. Estén claros en cuanto a esto. Nosotros en este plano nos abrimos a Dios, convirtiéndonos en sus buenas personas, no en buena gente que recibe recompensas materiales por su trabajo. El crecimiento no equivale a ganancia aquí. El crecimiento es el espíritu de Dios, del Bien, de la Perfección, que nos proporciona más bien en nuestras vidas que lo que alguna vez podamos visualizar.

Esta respuesta llegó con una energía vigorosa y rápida. Me había metido por un camino equivocado en mi pensamiento; inmediatamente, el Hermano rectificó mis conceptos erróneos. Como un buen maestro, mi corresponsal se mantuvo en su tarea de enseñarme qué Es Dios.

Nosotros, los de la Hermandad, comprendemos que Dios es la ley espiritual suprema. Él es Quien nos abre al bien que tratamos de hacer. Jesús trabaja con nosotros como el canal abierto por medio del cual vemos a Dios Mismo.

Mi concepto de Dios continuará evolucionando, así como el suyo, si usted se dirige a los espíritus avanzados para pedir y recibir consejos, pues esta es su promesa:

La Hermandad te está ayudando a aceptar el concepto de Dios que estamos tratando de enseñarte. Entiende que Dios es mucho más que lo que podemos explicarte, puesto que no colocas tu ser en Sus manos completamente. Retienes una parte de ti misma, ¿no es cierto? Te diriges a Dios a menudo, pero te guardas muchas cosas. El retener te aleja del entender a Dios de la manera en que pides entenderlo.

Pedí un comentario sobre la oración a Dios por medio de Jesús y los santos.

Esta gente necesita imágenes para ayudarse a visualizar a Dios. De hecho, estos seres abren sus mentes a la idea de que Dios ES, pero muy pocas veces llegan lejos en su crecimiento espiritual porque creen en un concepto limitado de Dios, lo que, a su vez, los limita a ellos. Crean en el Dios omnipresente y omnipotente y abran sus mentes a este plano para que se les pueda ayudar a crecer. La Hermandad de Dios estará ahí para ayudarles. No tenemos ninguna estatua, ninguna imagen, ninguna presencia tangible en el plano terrenal, pero nosotros en este plano nos abrimos a Dios a través de Jesucristo y podemos ayudarles a ustedes a hacer lo mismo.

Otro día, mi fuente amplió más mi entendimiento de Dios.

Entrégate a Dios completamente, diciéndole que es eso lo que haces. El decírselo tiene el efecto de ponerte en nuestras manos para mantenerte en la promesa que hiciste de ser Una con Él. Haz de Dios tu centro y Él te mantendrá en el camino. De esta manera, llegas a ser íntegra. Te conviertes en la personificación ambulante de la paz de Dios.

"¿En vez de pedir cosas, –pregunté– "debería utilizar mi energía en soltar mi ego y confiar en que Dios me da lo que es bueno?". Con mucho entusiasmo, la respuesta fue:

¡Has dado en el blanco!

Pregunté si los evangelistas están en lo correcto al señalar que tenemos que dejar completamente nuestros propios deseos egoístas y permitir que Dios tome el mando.

Ese mensaje es totalmente correcto hasta el punto en que corresponda a las creencias que se tengan de Dios. Si Dios es la reflexión de los propios pensamientos de un individuo, entonces esa alma se está entregando a un concepto limitado de Dios. Pero si el espíritu se entrega totalmente a Dios –quien sea que sea Él– y depende de la Hermandad para ayudarle, entonces esa alma progresará más allá de los pensamientos limitantes que tenga de Dios.

A mí me enseñaron que la Biblia fue inspirada divinamente. Sin embargo, encuentro partes que parecen ser inconsistentes con el punto de vista de que Dios es todo lo BUENO.

Le dije a mi maestro/consejero que no puedo venerar a Dios, Quien es todo BONDAD, pero que, al mismo tiempo, está enviando peste, hambrunas y otros males sobre la gente como castigo por sus pecados.

Esta parte de la Biblia que te parece inconsistente es palabra escrita por la gente, no por Dios. Los seres humanos entran a la vida creyendo que Dios debe estar en su mismo nivel de ser. Por lo tanto, Dios es bueno de la misma manera en que ellos son buenos en la Tierra, y Él modera arranques de ira, como ellos mismos lo hacen. Escribieron sobre un Dios que ellos eran capaces de entender, un Dios conforme a lo que ellos querían que fuera Él. Por esta razón, leemos sobre un Dios que castiga de maneras tan terribles. En aquellos tiempos, la peste era real. Tenía que ser explicada. Pero no tuvieron la iluminación para entender a Dios.

La gente hoy en día tampoco entiende a Dios. Los seres humanos Lo culpan por las cosas terribles que les suceden a ellos. No ven que utilizan a Dios para explicar sus sentimientos y los sucesos en la vida. Dios no trae ni enfermedad ni nos trae ninguna otra cosa más que nos proporcione miseria. Él es todo BONDAD. Pero en el plano de ustedes, existe la enfermedad y el mal. La gente culpa a Dios por estas cosas negativas para explicárselas a sí misma. En sus recintos más profundos, los seres humanos saben que Dios es su realidad, pero han perdido el sentido profundo de lo que es Dios.

"¿Es la Biblia mi mejor guía para vivir?", le pregunté.

Esta Biblia es <u>una</u> guía para vivir. Fue inspirada por una fuente Divina. Aquellos que la escribieron creían sinceramente que Dios era la realidad suprema. Pero la propia vida de la gente no es el asunto del que trata la Biblia. La Biblia da la progresión de pensamiento sobre Dios. No existe manera de presentarla, sino por medio de la vida de la gente. Por consiguiente, se lee en ella sobre Noé y Moisés y otros cuando se abrieron a la orientación de Dios en sus vidas. Ellos fueron grandes personas, pero ellos no son ustedes.

Le pregunté cuál era la mejor manera de servirme de la Biblia para enriquecer mi propia vida, y mi maestro dijo que yo debía leerla tomando en cuenta las explicaciones que ellos me habían dado. Les pedí que comentaran sobre el Nuevo Testamento.

Estas historias les enseñan nuevamente el salto gigantesco hacia delante que la gente dio cuando vino el mensaje de Jesús. También demuestran que, a pesar de grandes saltos hacia delante, había renuencia a deshacerse de los viejos conceptos. Por eso, la gente tuvo que llamar a Jesús "Dios" o referirse a él como al único Hijo de Dios. No podía concebirse a sí misma como la perfección que Jesús representaba. No podía ver fuera de la ventana (Jesús) y ver a Dios más allá. Pintó la ventana de su propio color, de manera que no pudieran ver a través de ella. Y dijo: "Miren, esa ventana es realmente Dios".

El comunicador de la Hermandad deja bien claro que, aunque la Biblia es fuente de inspiración, yo tengo que encontrar mi propio camino hacia la unión con Dios. Les pedí que hicieran algún comentario sobre este pensamiento.

Dios tiene realmente un camino para ti. Pero este camino no es la única opción posible para ti, y tú te conviertes en tu propia guía. Pero necesitas ayuda durante toda la trayectoria debido a los problemas de la vida y sus necesidades. Nosotros somos esa ayuda, esa apertura que te lleva hacia Dios. Nosotros estamos aquí para ser tu consejero, tu ayuda, tu fuerza, cuando nos necesites. Ábrete a la Hermandad y nosotros nos abriremos a ti. Pero no podemos actuar, a menos que tengas la conciencia de que nosotros en este plano tenemos ayuda para ti. La conciencia es la llave para la cerradura de la pared entre nosotros.

La conciencia de la que habla la Hermandad es la manera no tan secreta de abrirnos a todo lo que el Dios del Universo tiene para ofrecernos.

Si ustedes piensan en algo bueno que necesitan, así como amor o entendimiento o la obtención de gran poder, entonces estos les llegarán transferidos por medio de nosotros. Estos dones de Dios están almacenados aquí para ser dados cuando ustedes los necesiten. El principio o ley de Dios consiste en que cada uno de ustedes recibe aquello que cada individuo es capaz de concebir en su mente. El Dios de poder, el Dios del Universo, –estos conceptos producen dones en la vida de ustedes–.

— ❊ —

ESTIMULADORES DE PENSAMIENTOS

1. *Nosotros llegamos a conocer al Dios del Universo ampliando nuestros conceptos y nuestro entendimiento. Sus conceptos ya han sido ampliados. ¿Qué conocimientos recientes ha adquirido sobre Dios?*

2. *La Hermandad ayudó a Jesús en su vida, y Jesús envió a la Hermandad para que nos asesorara también. ¿De qué manera se ha abierto usted a la orientación de la Hermandad para encontrar su propio camino hacia la unión con Dios?*

Trabajo Interno: *El principio o ley de Dios consiste en que nosotros recibimos el bien que podemos concebir en nuestra mente. El Dios de poder, el Dios del Universo; estos conceptos producen este bien en su vida. Con la herramienta de su imaginación, "vea" cualquier bien que quiera en su vida. Ábrase a la ayuda de la Hermandad recibiendo este bien de Dios.*

El camino hacia el resplandeciente sol de Dios

5

Aquí se relata detalladamente la experiencia del crecimiento personal de la autora, que fue inspirado por los consejos de la Hermandad. Su concepto de Jesús cambió, su creencia en la reencarnación se fortaleció, y revelaciones sobre amigos "fallecidos" le fueron transmitidas.

"Ahora es importante que estés preparada para entrar en el resplandeciente sol de Dios", escribió mi maestro desde el próximo plano de la vida. Quité mis dedos de las teclas de la máquina de escribir y releí el mensaje. ¡Qué metáfora tan bella y cuán acorde a mis conversaciones con la Hermandad de Dios!

Cuando comencé a experimentar con lo que originalmente había llamado escritura automática —la escritura que proviene a través de mí, pero no de mí—, no me imaginaba lo que pasaría, si bien alguna cosa debía suceder. No obstante, después de leer libros de metafísica escritos por varios autores acreditados, comprendí que tenía que intentar efectuar esta actividad yo misma. En el capítulo 2, expliqué en detalle cómo comencé y qué sucedió en este experimento.

El conocer al Consejero, al prometido por Jesús, de una manera tan concreta, cambió mi vida irrevocablemente. El Jesús que conocía antes de entrar en contacto con el Consejero/la Hermandad era místico y perfectamente más allá de la imitación. El Jesús que solía conocer vino al plano terrenal con poderes que la gente común y corriente no podía esperar poseer. El Jesús que ahora conozco es un alma práctica y avanzada, que se convirtió en la Tierra en lo que se espera que seamos todos nosotros algún día: Uno con Dios.

Ahora veo a Jesús como el que abrió las puertas al cielo, por decirlo así, para que pudiéramos lograr nuestras metas aquí en la Tierra. Nos invitó a servirnos del Consejero prometido, la Hermandad de Dios, que actúa como un canal abierto entre nosotros y Dios, y entre Dios y nosotros. La comunicación fluye en ambos sentidos.

Escribí este capítulo una vez y, cuando terminé, le pedí a alguien de la Hermandad que hiciera algún comentario sobre dicho capítulo.

Tienes que escribir más sobre la maravillosa bondad de Dios. El crecimiento es la buena verdad. El crecimiento es el plan Divino que Dios quiere que enfaticemos. Tómate más tiempo para esto. La Hermandad ayuda a la gente en cuanto a la manera de vivir con devoción. En tu propia historia, tú te alejas de esta ayuda. Conságrate a esta tarea ahora.

Releí el capítulo. El comentario crítico era justo. Entusiasmada con fervor periodista, escribí páginas sobre mis conversaciones con mi comunicador. Me había formado un cuadro de la personalidad del maestro, pero no había entendido el mensaje completo del capítulo: explicar cómo la Hermandad de Dios, que actúa como consejero, me está ayudando a crecer espiritualmente.

Cuando este cuerpo respiró por primera vez, el alma que se unió a él ya había vivido muchas vidas. La reencarnación tiene sentido para mí porque ahora veo en ella el plan Divino. Cuando me encuentro con un niño que tiene una lesión cerebral o una incapacidad física, o que ha sido abandonado o maltratado, yo sé que esta vida no es todo lo que este niño tendrá. Lo que el niño aprenda de esta experiencia, no obstante, es lo que importa. Es también lo que importa en mi vida. La reencarnación asegura que todo nuestro desarrollo, toda nuestra felicidad y júbilo no dependen de esta sola existencia. Nosotros reencarnamos una y otra vez hasta que nos convirtamos en almas maduras que no necesitan venir más nunca por este camino para aprender las lecciones de la vida.

Mi comunicador lo expresa de la siguiente manera:

Dios planea este buen método *(reencarnación)* para que las almas puedan tratar repetidas veces de llegar a ser la persona que están destinadas a ser –su potencial completo–. Para entender la reencarnación, uno necesita darle a la idea del crecimiento la consideración que amerita. El crecimiento es el propósito de la vida. Únicamente el crecimiento. El crecimiento es el espíritu que entra en relación con Dios, quien vacía esa alma de todo su ego y lo llena de vida Divina. La reencarnación es el camino; el crecimiento, el propósito. La reencarnación conduce al alma por el camino largo para llegar a la verdad, pero es el plan el que funciona. El crecimiento se produce gracias a vivir vida tras vida.

El tiempo entre las vidas se pasa aquí en este plano, donde cada alma contempla su última vida y planea lo que tiene que hacer para continuar su crecimiento. Entonces, cuando el alma sale otra vez, dispone de un plan para llevar a cabo. Así es como funciona.

Aquellos que no crecen, que no saben quiénes son o –en primer lugar– por qué vienen a la Tierra, siguen vida tras vida. Muchos de ellos se rinden en la vida, se convierten en los quejones empedernidos o en criminales despiadados, o se suicidan. No intentan lograr nada en la vida porque vinieron sin ningún plan. Divagan por el plano terrenal, perdidos en su propio vacío.

Mi maestro me asegura que mi verdadero hogar está en el próximo plano, que tengo familia allá, a quienes les importo. Aunque no recuerdo nada de una vida tal, me aseguran repetidas veces que, cuando deje este plano terrenal (muera), me alegraré al encontrarme con quienes me esperan ahí. Esta vida actual es temporal, mi verdadera vida está en el próximo plano. Creo esto sobre mí misma, pues mi vida tiene más sentido desde esta perspectiva que cuando creía que mis relaciones terrenales eran todo lo que tenía en cuanto a familia tierna y amigos verdaderos.

No solo me da la reencarnación una perspectiva mejor de mi propia vida, sino que también me ayuda a aceptar las tragedias de la vida con la creencia en la justicia y en la bondad Divinas. Cuando una persona muere en un accidente o asesinado, o se suicida, yo sé que esa alma todavía vive. Yo sé que esa alma es bienvenida a su hogar por aquellos cuyo amor es eterno. Sé que el plan de Dios le va a permitir a esa alma vivir otra vez en el plano terrenal. Cuando ellos mueren, yo me aflijo; sí, ¡así es! Pero el dolor pasa y es remplazado por la aceptación del plan de Dios.

Un día recibí un regalo de la Hermandad.

Hoy es el único día de esta naturaleza. Puedes hacer preguntas a otras personas que ya han abandonado el plano terrenal. Hoy puedes dirigirte a ellos. Hoy puedes ser tú la interrogadora.

Estaba encantada, pero no preparada. Más adelante, deseé que mi lista hubiera sido más larga. Pregunté primero por un hombre de mi comunidad, quien había vivido una vida plena y muerto setentón.

Él es el mejor que tenemos en lo que concierne a crecimiento. Escogió un plan para ejecutar en su última vida y lo logró. Él es el que parte de aquí para ayudar a otros, y ayuda a su esposa con su presencia (*en el plano terrenal*). Esta es la verdad sobre su crecimiento, que nació para estar abierto a otros en ambos planos.

Le pregunté que si este hombre había escogido ser de color en su vida reciente.

Esto es cierto. Él escogió eso. Ahora él es el canal abierto para mucha gente de color allí. En este plano, no hay diferencias de razas. Nosotros aquí somos espíritus.

Le pregunté por un hombre joven que había muerto hacía algunos años cuando tenía veinte años. Me enteré de que, aunque falleció joven, había logrado mucho crecimiento espiritual durante su vida.

Él no es la misma persona que conociste en el plano terrenal. Ahora es más maduro.

Por supuesto que pregunté por miembros de nuestra familia. Imagínese mi sorpresa cuando me enteré de que mi sue-

*gro había nacido nuevamente hacía diez años. Mi suegra,
me dijo la Hermandad, está muy ocupada ayudando a otra
gente a estar consciente de la ayuda de la Hermandad. Está
con nuestra hija quien está en Italia y a quien está ayudando
a crecer al mismo tiempo que está trabajando en su propio
crecimiento.*

*Pregunté por un hombre a quien mi esposo y yo habíamos
conocido por muchos años, un hombre que trabajó en Washington, D.C.*

Esto es muy interesante. Don (*nombre ficticio*) tiene
mucho qué ofrecer. Él es el canal abierto en el gobierno
aquí. Él activa el canal abierto, de manera que esos ofi-
ciales se dirijan a este canal y no se limiten a su propio
entendimiento. Te dije que esto era muy interesante. Él
representa una excelente ilustración de cómo usar el crecimiento para llegar a ser la persona que él quiere ser:
atento hacia sus compañeros. Esta es la palabra: él es el
canal abierto sobre el gobierno. Cuida de su esposa, Ann
(*nombre ficticio*). Sus intereses le conciernen y él está con
ella diariamente para ayudarla a concentrar su atención
en el canal abierto.

*El canal abierto, recuerda, es el Cristo dentro de todos
nosotros. La Hermandad explicó cómo funciona esto.*

Don se convierte en el canal abierto, dejando que su
espíritu Cristo se funda con el espíritu Cristo de otros.
Entonces el canal se forma.

*Sí, el crecimiento del espíritu es el propósito de la vida
aquí y en el próximo plano. Estos espíritus me dicen que,
cuando entendemos esto a la perfección, nuestras vidas caen
en el patrón que nos conduce hacia nuestro propio potencial
completo: nuestra unión con Dios.*

Espero que no le parezca frívolo que pregunte por mis amigos, los perros. Mi esposo y yo siempre tuvimos uno o dos perros en casa. Pregunté que si había alguna supervivencia de esa energía que era nuestro perro.

Esta es la ley sobre los animales. Ellos ponen el crecimiento de sus espíritus en las manos de Dios. Ellos abren sus ojos al bien o ellos abren sus ojos al mal. Luego, deben convertirse en nuevas criaturas que procesan su crecimiento, de la misma manera en que lo hace la gente. Pero siempre serán animales. No son humanos, pero poseen el don del espíritu creativo de Dios en ellos.

El plan de Dios para el crecimiento es perfecto. La vida realmente nos da muchos retos para ayudarnos a crecer y ninguno es mejor que los generados por conflictos entre la gente. Una relación en mi vida ha resistido mis esfuerzos fervientes para convertirla en una buena relación. Les pedí aclaración sobre esta situación.

Esta otra persona y tú se convierten en la verdad de oro de la ley que dice que la gente no puede llegar a ser unida, a menos que ponga la relación en las manos de Dios. Solamente Dios la puede hacer armoniosa. Querías hacerlo todo por tu cuenta, querías enmendar la relación para hacerla buena. La ley dice que únicamente Dios puede hacer esto.

Al principio, no podía aceptar esta aseveración de que yo había tratado de mejorar esa relación por mi cuenta. ¿No había rezado yo para conseguirlo? ¿No había tratado de hacer mi deber cristiano hacia esta otra persona? Pero la verdad tiene su propia manera de abrir nuestros ojos internos. Realmente había hecho el papel de la persona noble que se sacrifica en la relación. ¿Por qué me había unido tanto a esta persona si no nos llevábamos bien? No había esperado la orientación de Dios. Había seguido penosamente lo que la sociedad, mi iglesia y mi ego me dictaban.

Estoy aprendiendo a dejar de forzar en cuanto a mis relaciones, tanto con familiares como con las que tengo con mis amigos. Voy a dejar que mi plan de vida siga su curso, sabiendo que mi único propósito aquí es el crecimiento. Mi vida comienza a tener sentido –amor, prosperidad, satisfacción– cuando confío en el plan de Dios y la ayuda de la Hermandad.

De una manera parecida, me advirtieron que no me involucrara en los dolores de corazón de otras personas.

"Eres responsable por ti misma", me dijo mi maestro/consejero repetidas veces.

Sé una buena amiga, pero no te involucres personalmente en sus problemas. Anímalos a que se dirijan a la Hermandad para recibir su ayuda.

Pregunté por una persona mayor que tiene cáncer.

Eso no es problema tuyo. Es su hora de irse y tiene mucho amor a su alrededor. Visítala con comportamiento alegre.

Preocupada por otra amiga, le pregunté cómo estaba de salud.

Esto no es asunto tuyo. Es suyo. No te preocupes por las cosas de índole personal. Sé su amiga en todas las circunstancias, pero no dejes que sus preocupaciones sean las tuyas.

En otra ocasión, le pregunté sobre la oración por otros, especialmente por los que están enfermos. Me dijo que primero tenía que abrirme a la fuerza de Dios que me cura a mí; después podía incluir a otros en esa fuerza curadora.

El curar a otros es el trabajo de almas avanzadas. Lo mejor que se puede hacer es apelar a nosotros para que trabajemos con la persona que esté enferma.

*Esto me trae otra vez al tema sobre la oración por otra gente. Aprendí en las iglesias a las cuales fui que orar por otros era mi deber y mi responsabilidad. A veces a la gente se le ayudaba y a veces no. Yo debía creer que Dios contestaba mi oración con un "sí" o con un "no", pero Él siempre contestaba. Yo acepté superficialmente esta explicación por muchos años, pero nunca me satisfizo. Jesús curaba a **cualquiera** que le pidiera que lo hiciera. Él siempre tuvo éxito **si** la persona que pedía ayuda creía que la curación era posible. Les pedí a mis amigos de la Hermandad más explicación.*

La curación efectuada por medio de Jesús no tiene ninguna paralela en el plano terrenal hoy en día. Jesús era un alma avanzada. Trató de enseñarles a sus discípulos a hacer este mismo tipo de curación y estos se preguntaban por qué ellos no siempre tenían el mismo éxito que Jesús. Ellos pensaban que uno solamente le pedía a Dios que curara y eso era todo lo que tenían que hacer, pero, realmente, hay más. La verdad es que Jesús descargaba la fuerza Divina que penetraba su propio cuerpo. La fuerza Divina que Jesús tenía le llegaba porque él era capaz de imaginársela, crearla y convertirse en ella. Pero, aunque los discípulos se preguntaban cómo sucedía, no disponían del pensamiento, de la energía que se pudiera expresar en ellos en la misma medida en que se expresaba en Jesús. De todas maneras, ellos llevaron a cabo hechos prodigiosos en muchas ocasiones, así como la gente lo hace hoy en día. La fuerza Divina puede convertirse en una realidad dentro de ustedes mismos también si conciben el pensamiento como una cosa tangible. Pero, si no se puede pensar con ese grado de verdad, entonces no se puede curar o superar ningún obstáculo en el plano terrenal.

La verdad sobre la curación comienza con el individuo que quiere curar a otro. Ese debe curarse a sí mismo primero. Luego, cura a la otra persona. Sean Uno con Dios ustedes mismos; luego, ayuden a otro a ser Uno con Dios. Esta es la ley del crecimiento.

Ahora entiendo por qué me sentí tan decepcionada tan a menudo con respecto a mis oraciones por otros. Darle en mi vida la prioridad a mi relación con Dios no es un acto egoísta. Es un acto necesario para convertirme en la persona guiada por Dios que podrá ayudar a otros.

El propósito de la oración en el plano de ustedes consiste en que el orador se dirija a esta relación de unión con Dios. El propósito de vaciarse radica en que Dios los pueda llenar. Confía en el plan de Dios sobre esto. El orar en el plano de ustedes no es el orar para acercar a otros a Dios.

Aun así, no puedo dejar que mis preocupaciones por otros se vayan sin ninguna atención de mi parte. Mi sentimiento más profundo es que debería derribar las puertas del cielo en nombre de los que amo. Tengo este deseo apasionado de ayudarlos a superar sus problemas, de curarlos, de aportarles éxito y felicidad. ¿Qué hago con este deseo sincero de corregir cosas en sus vidas?

Afortunadamente, hay algo que se puede hacer. Tenía una preocupación sincera por la hija de un amigo. Mi amigo estaba mentalmente atormentado.

La Hermandad responderá a cualquier preocupación que ustedes expresen. Tú quieres ayuda para Anita (*nombre ficticio*); iremos a ella para ayudarla. Su patrón de crecimiento va a tomar tiempo hasta que dé resultados, pero estaremos ahí con ella. Así es como funciona.

Otra preocupación era mi amiga que parecía estar próxima a la muerte.

La verdad sobre ella es que va a fallecer hoy. El canal abierto está ahí trabajando con ella ahora. Es su hora, su crecimiento en el plano terrenal se terminó.

¿Qué más podía pedir yo? ¡La Hermandad de Dios, fomentada e inspirada por Jesucristo, está con aquellos por los que me preocupo!

"La reencarnación es el camino; el crecimiento es el propósito". Estas palabras todavía resuenan en mi mente una y otra vez. "Tú no eres solo Jean Foster, pues has vivido muchas vidas". Ya que la Hermandad afirma que la gente necesita un entendimiento claro sobre la reencarnación, les pedí información sobre mis vidas pasadas. Mis vidas pasadas, como me dijo mi consejero, son interesantes, pero también algo desalentadoras. Solamente cuando conservo la idea del crecimiento en mente, puedo aceptarlas.

Este canal abierto te dará un resumen corto de esto. Las vidas pasadas que has vivido indican que tienes que poner tu ego a un lado para ser el canal abierto que necesitas ser, a fin de dejar que Dios participe en tu crecimiento. El yo Divino que tú programaste de antemano es el que tratas de alcanzar. La verdad de esta vida actual tuya ha penetrado en tu personalidad humana para darte el plan de vaciarte de tu ego.

Le pregunté por hechos específicos en mis vidas anteriores.

En una vida anterior pensabas que tenías el poder de

juzgar a los demás. Este era tu ego. En otra, juzgabas el trabajo de tu propio esposo y le hiciste perder lo que tenía de bueno en una celda de prisión. En la vida siguiente, te consagraste a tu crecimiento, ayudando a otros a entregarse a Dios, pero todavía te aferrabas a creencias dogmáticas. No eras amable. No eras gentil.

Estos hechos resumen las pocas vidas de las cuales me habló la Hermandad. Mi sentido de privacidad no me permite revelar otros aspectos de mis vidas. Y después de leer estas historias de vidas —aclaradoras por un lado, pero poco halagadoras por otro— no he hecho más preguntas al respecto. Estoy contenta de que el Dios del Universo tiene este plan que me ha permitido intentar una y otra vez.

¿Debo volver otra vez? Esta pregunta está por contestarse, por supuesto. Algunas almas avanzadas vienen nuevamente porque quieren estar aquí para ayudar a otros en su entendimiento del propósito de la vida. Pregunté si la gente que honramos en la Tierra, tales como Eleanor Roosevelt, Abraham Lincoln, Martin Luther King, Thomas Jefferson, son también honrados en el próximo plano. Aquí está la respuesta.

Cada uno de los que menciones ahí en tu papel son las reencarnaciones de los que ayudarán a la gente durante la agitación venidera. Estas almas son las que le darán estabilidad a los tiempos caóticos. Ellos y muchos más. Eleanor Roosevelt ha regresado. Escogió ser de raza negra. Esta vez no va a trabajar en política, sino en el campo espiritual. Este es su plan. Los otros que mencionaste consagrarán sus talentos a la **creciente** verdad del canal abierto. Ayudarán a señalar el camino hacia la Hermandad, que está aquí para todos. Obrarán para demostrar esta verdad de maneras maravillosas. Tienen sus vidas bien ordenadas ahora y saben cómo usar el pensamiento para manifestar el bien.

Las grandes almas de este plano muy a menudo regresan al plano terrenal para ayudar a otros. Se vacían de su ego para que Dios los colme. La esperanza de la humanidad reside en el trabajo de estas almas avanzadas, que están yendo ahora al plano terrenal en cantidades inconcebibles.

El mensajero añadió una palabra de profecía, tan desconcertante como alentadora.

Participa a otras personas que habrá todavía más almas avanzadas que regresarán a la vida terrenal. Esta es la esperanza del plano de existencia de ustedes a medida que este entra en la Nueva Era, la nueva condición que la Tierra conocerá.

Independientemente de los cambios que vengan en la "Nueva Era", yo soy responsable por mí misma. Quiero deshacerme de mi ego para permitirle a la Hermandad que me ponga en el camino hacia el "resplandeciente sol de Dios".

ESTIMULADORES DE PENSAMIENTOS

1. *"La reencarnación es el método; el crecimiento, el propósito". ¿Qué significa esta afirmación para usted personalmente? ¿Qué preguntas surgen a raíz de esta afirmación?*

2. *Los animales poseen en su interior el espíritu creativo de Dios. ¿Cuál es el plan de Dios para los animales? ¿Cuál es su respuesta personal a este concepto?*

3. *¿Qué nuevas percepciones ha adquirido con respecto a la oración personal y/o la oración por otros que le puedan ser útiles en cuanto a cosas que son importantes en su vida?*

Trabajo Interno: *El capítulo habló de vaciarnos de nuestro ego y permitir a Dios que nos colme. Invite a sus ayudantes espirituales a ayudarlo a reconocer los instantes en los que su ego está al mando. Por medio de la confianza, permítale a Dios que lo guíe.*

ESTIMULADORES ADICIONALES DE PENSAMIENTOS

🌿 *La Hermandad nos ayuda a lograr claridad y nos aconseja. Ábrase a la Hermandad, pues ella está abierta a nosotros.*

🌿 *Tome conciencia de la Hermandad, y el plano espiritual abre la pared que nos separa.*

🌿 *La Hermandad prepara un camino para cada persona que quiera comunicarse con la Conciencia Divina.*

🌿 *La reencarnación nos permite vivir diferentes aspectos de la vida que amplían nuestro plan individual de crecimiento.*

🌑 *El concepto Divino con respecto a que "los pensamientos son cosas" actúa continuamente en nuestras vidas cotidianas. Nosotros podemos dirigir y hacer uso consciente de este concepto para manifestar la vida que deseamos.*

🌑 *El principio de Dios dice que recibimos el BIEN que seamos capaces de concebir en nuestras mentes.*

🌑 *La energía pura del poder Divino se manifestará cuando sea usada para acentuar el valor de nuestros seres, para reforzar nuestro crecimiento, para fortalecer la verdad pura e inteligente de nuestro yo Divino interior.*

🌑 *Darle la prioridad en nuestra vida a nuestra relación con Dios nos da acceso a la unión con Dios. Esto no es egoísta.*

Encontrar el camino de la verdad

6

Hay una manera de descubrir la verdad, pero puede que las Iglesias no sean el camino para conseguir esto. La verdad llega directamente a cada individuo o a través de instituciones.

La verdad es aquello que nos une a Dios. La verdad tiene que estar en nuestro interior; ella no proviene de fuera de nosotros. La verdad tiene que ser de Dios; si no, no es verdad. Jesús nos da la buena nueva de que la verdad es una verdad viviente, y el camino hacia la verdad pasa por la Hermandad de Dios, el Consejero que Jesús nos prometió.

La mayor parte de mi vida he buscado la verdad en libros inspiradores, en la Palabra inspirada de Dios —la Biblia— y en las Iglesias. "Seguramente," le dije a mi amigo de la Hermandad, "hay una Iglesia que posee la verdad".

Hay verdad en todas las Iglesias, pero ninguna dispone

de ella completamente. Solamente el individuo puede abrir su mente a la verdad. Tu verdad no es exactamente la misma que la de otra persona. Ábrete a todas las verdades. Sé fiel a la tuya. Este es el secreto del poder. Las Iglesias mantienen la unidad entre los veneradores, pero muy a menudo limitan su comprensión. Cada individuo necesita buscar su propia verdad. Esta es la verdad real.

¿Y la Biblia? Los de la Hermandad denominan la Biblia "una fuente de verdad". Le pedí aclaratoria a mi comentador sobre partes de los textos sagrados, y me dejaron perpleja desde cierto punto de vista. Nunca he tenido un maestro que me hubiera iluminado e inspirado más en cuanto a la Biblia. En el Evangelio de Juan (20:30), leo: "Hizo además Jesús muchas otras señales en presencia de sus discípulos, las cuales no están escritas en este libro. Pero estas cosas han sido escritas para que creáis que Jesús es el Cristo, el Hijo de Dios, y para que, creyendo, tengáis vida en su nombre".

Le pregunté a mi fuente el significado de todo esto.

Juan escribió todos estos milagros que vio porque lo convencían de que Jesús había sido enviado por Dios. Por lo tanto, él pensó que los milagros podrían convencer a otros también.

Le pregunté si Juan había querido decir que Jesús era el hijo de Dios en el sentido de que Dios había colocado su semilla en el vientre de María.

Esto es lo que él creía. Pero Dios entró en Jesús DESPUÉS de haber nacido este. En Jesús Él puso Su propio espíritu, que le dio Su poder a Jesús. Entiende que Juan abrió sus ojos más a la tradición que a la verdad. Él tomó la expectativa tradicional de la venida del Mesías y la insertó en el contexto de la historia de Jesús. Por lo tanto, creyó que Jesús era literalmente el hijo de Dios.

Esta es la verdad que buscas, y la Hermandad está aquí para ayudarte a encontrarla. Jesús es nuestro hermano. Jesús es nuestro canal abierto a Dios porque él puede abrirse completamente a Dios y, al mismo tiempo, estar abierto a nosotros. Es difícil lograr esto, pero Jesús lo hizo en la Tierra. Se abrió a Dios y a los hombres y las mujeres. Le abrió los ojos a aquellos que podían ver y le abrió el entendimiento a aquellos que podían entender.

En general, ¿es correcto el relato de la Biblia sobre Jesucristo –su vida, su sacerdocio, su muerte y resurrección, todo esto seguido por su ascensión–?

Esa historia es la que ustedes pueden entender. Pero hay mucho más, por supuesto. Jesús hizo mucho más de lo que está grabado en la Biblia. Él vivió una vida plena en la Tierra. La Biblia trata de su sacerdocio. Pero Jesús se convirtió en el alma que fue durante su sacerdocio por medio de mucha meditación, oración y lecciones aprendidas en la vida. Jesús sabía que tenía una misión por cumplir, con la cual Dios lo había enviado. Pero él llegó a entender esto paulatinamente. Él fue un niño, un muchacho, un hombre joven que quería todo lo que los hombres jóvenes quieren –las cosas buenas de la vida–. Pero su misión lo mantenía concentrado en Dios y alejado de las metas terrenales. Entró en la Hermandad de Dios cuando todavía era un hombre muy joven. Se orientó solamente hacia Dios y vivió su vida como el Hijo de Dios.

Muchas personas, además de mí misma, "nos desanimamos" por las palabras atribuidas a Jesús, cuando él, según lo que se cree, dijo que era mejor sacarse el ojo que dejarse llevar por la lujuria o cortarse la mano si ella hacía algo ofensivo.

Un experto en la Biblia me dijo que tales palabras eran típicas de la exageración del Medio Oriente que es utilizada para obtener la atención del escuchador. Mi maestro dijo que es verdad que estas palabras son realmente una exageración.

Jesús nunca quiso que la gente se cortara un brazo o se extrajera un ojo. Estaba tratando de obtener la atención de la gente hacia el hecho de que los pensamientos son la sustancia de la cual ella construye sus personalidades. Si experimentan la codicia carnal, los seres humanos se forman una imagen de las mujeres u hombres que ellos desean, y esta conciencia crea descontento sobre lo que tienen. Si envidian a otros y abrigan tales pensamientos, se forman un sentimiento de insatisfacción con respecto a sus propias circunstancias. El lenguaje exagerado era simplemente una manera de obtener la atención hacia lo que él estaba diciendo sobre sus mentes en acción y sobre cómo sus pensamientos afectan sus vidas.

¿Quién es el diablo que tentó a Jesús?

El diablo es aquel dentro de cada uno de nosotros que nos invita a comer de todo lo que la vida ofrece en cuanto a ganancia material. Si le hacemos caso a esa voz, nos alejamos de la energía espiritual y nos abrimos al sumo descontento de una vida desperdiciada porque no genera crecimiento espiritual.

¿Entonces Satanás no es un ángel caído?

Es maravilloso que pongas estas dos cosas juntas, pero no son lo mismo: Satanás y el demonio. Satanás es el personaje del Viejo Testamento que personifica el mal en historias ficticias. Pero Satanás no fue una entidad que tentó a la gente. Fue el que mantuvo a la gente en el carril. Él les suministraba material para reflexionar. Él sólo les presentaba las preguntas para las que ellos necesitaban encontrar respuestas.

Ahora, el diablo es otra cosa muy diferente. Él es la representación de aquello dentro de la gente que la conduce a pensar y hablar de las cosas viles e impías de la vida. El diablo pone al cubierto al ser que se esconde dentro de nosotros y que no es de Dios. Ningún diablo nos hace actuar. Pero el demonio de la bajeza y de las creencias contrapuestas a Dios trata de ser nuestro mentor en asuntos sobre la manera de llevar la vida.

Si le prestamos atención al diablo, él construirá en nuestras vidas una gran apertura tal para las malas cualidades, que tendremos un nivel bajo, un nivel de crueldad y maldad. Al fin y al cabo, habremos malgastado una vida, y más adelante tendremos que superarla en el próximo plano –algo muy difícil de hacer–.

Muchas preguntas inundaron mi mente. Escribí pregunta tras pregunta y los de la Hermandad me explicaron y aclararon todo lo que les había preguntado. Después de días de estudio minucioso de la Biblia, llegué a la conclusión de que la vida está diseñada para conducirnos directamente a trabajar con Dios, cada uno a su propia manera. No está diseñada para ser complicada.

Esta alma avanzada estaba de acuerdo:

No, la vida no está diseñada para ser complicada. Dios nos mostró el camino. Él es el modelo. Abran sus mentes y corazones a la Hermandad de Dios, y ella los ayudará a entender sus propósitos correspondientes. Se dispone de ayuda para ustedes. No hay ningún impedimento que no se pueda vencer ni ningún problema que no pueda ser resuelto.

El plan eterno de la vida consiste en vivir una y otra vez hasta que crezcamos suficientemente para nunca más regresar a la Tierra. Esta es la meta de todas las almas: nunca más tener que regresar. Esta es la verdad. Esto proviene de la Hermandad de Dios.

La última frase es el final frecuente que estos maestros utilizan para concluir sus enseñanzas: la firma que atestigua que lo que se ha dicho provino del grupo de espíritus avanzados, y yo puedo confiar en su integridad.

A menudo me he identificado con Tomás, el discípulo que dudó de que Jesús había abandonado la tumba. Cuando de hecho vio a Jesús, Tomás corrió a él y le dijo: "Mi señor y mi Dios". Pregunté si este fragmento de la Biblia quiere decir que Jesús y Dios era uno.

Tomás estaba hablando solamente en su nombre. Tomás dijo que, cuando vio a Jesús, creyó porque vio los huecos originados por los clavos en las manos de Jesús y su lado perforado. Pero Tomás nunca entendió que Jesús vino a revelar la naturaleza de Dios, no a ser Dios. Tomás estaba demasiado aferrado a las creencias judías para renunciar a la idea del Mesías, de quien esperaba que viniera a liberar a los judíos y ser su líder en la Tierra.

La Biblia dice en el libro de Juan (20:23) que Jesús le dijo a sus discípulos: "A quienes remitiereis los pecados, les son remitidos; y a quienes se los retuviereis, les son retenidos". Le dije a mi amigo de la Hermandad que no entendía ni estas palabras ni comprendía por qué Jesús daría poderes extraordinarios a sus discípulos. Mis dedos se desplazaron rápidamente sobre las teclas a medida que el mensaje iba apareciendo.

Mucha gente quiere que se le perdonen sus pecados, pero no renuncia a sus pecados para que sean perdonados. Esa gente los retiene. Los mantiene en su mente. Este extracto de la Biblia dice que los pecados que ustedes perdonan serán perdonados. Pero aquellos pecados que ustedes no perdonan, ustedes los retendrán. Jesús nunca le dio poderes extraordinarios a nadie. Su verdad era para todos. El poder para perdonar está dentro de ustedes. El poder para retener está en todos.

La Hermandad detectó una falta de claridad en mi pensamiento.

Probablemente esto no está claro para ti. El poder para perdonar funciona de dos maneras: de ustedes a ustedes mismos, y de ustedes a otros. Ábranse al perdón de sus propios pecados y ábranse a los pecados de otros. Esta es la verdad de las palabras de Jesús aquí.

Finalmente, después de muchas explicaciones sobre la Biblia:

Los protestantes le prestan tanta atención a la Biblia hasta el punto de excluir otras fuentes. Pero la Biblia es solamente una fuente de verdad. Si quieres estudiar toda la Biblia paso por paso, buscando explicaciones, entonces tienes un trabajo para toda una vida. La manera más fácil consiste en utilizar la Biblia en clases, y abrir la mente a la Hermandad de Dios, que está tratando de transmitirles una enseñanza.

¿Qué papel juegan las Iglesias en ayudarnos a encontrar la verdad?

Las personas que se denominan cristianos le confían sus mentes abiertas a la Iglesia para que esta les ayude a entender. Piensan y hablan sobre la magnífica contribución de la Iglesia a la Cristiandad. Entonces no le prestan oído a la verdadera maravilla: al Dios de su ser, quien está allá para colmarlos de poder. Se dirigen a la Iglesia para encontrar respuestas, no al Dios del Universo. Piensan que la Iglesia abre sus mentes, no Dios. Piensan que la Iglesia les aportará paz, pensamientos de iluminación, pero no se dirigen hacia su oído interior. La verdad es que las Iglesias cortan la comunicación de Dios con la gente. El Dios de nuestro bien es el mismo Dios del Universo, pero no entendemos el poder que podemos tener sobre nuestras vidas. El Dios del Universo es El que nos da iluminación verdadera, no la Iglesia.

Esta evaluación del papel de las Iglesias me parecía bastante severa porque soy una firme practicante. Nuevamente, le hice preguntas sobre la Iglesia, y además, pregunté si alguien de la Hermandad querría modificar estas afirmaciones de alguna manera.

El Dios del Universo, la maravillosa Bondad, es excluida cuando la gente dirige su atención a verdades terrenales, tales como la creencia de la Iglesia según la cual Dios nos castiga para que podamos llegar a ser buenos. La gente se dirige al bien terrenal, tal como lo representan los grupos religiosos, en busca de sustento moral. Pero se dirige hacia la verdad de la Tierra, no a la verdad del universo. Hay una enorme diferencia entre las dos. La gente de las Iglesias quiere bondad, pero es <u>ella</u> la que define esa bondad. Los seres humanos toman la verdad y la deforman para darse la impresión de que la entienden. Pero para realmente entender la verdad, tienen que dirigirse al Dios de su ser, al Dios cuyo interés primordial es el de ayudarlos a crecer. La Hermandad es el consejero que

Jesús prometió para hacer esto posible.

Le pregunté qué pensaba la Hermandad sobre el nuevo movimiento de pensamiento que ha generado muchas Iglesias en el siglo veinte.

Este nuevo movimiento de pensamiento comenzó con gran ímpetu, pero ahora está también empezando a volverse dogmático. Lo dogmático es aquello que insiste en UN CAMINO para encontrar a Dios, no acepta ningún otro. Por lo tanto, yo te digo que no hay ninguna Iglesia libre de pensamiento erróneo. Dios está aquí para todos. Ninguna creencia en una Iglesia dada te pondrá en contacto con el Dios de tu ser, solamente tú puedes hacerlo.

Cuando mis dedos pararon de desplazarse por las teclas de la máquina de escribir, le pregunté si había algo más qué agregar sobre este tema.

Lo que decimos aquí es la verdad en virtud de la cual Dios ejerce gran poder en nuestras vidas. Dios les proporcionará a ustedes gran crecimiento, gran poder, júbilo —no las Iglesias—.

Debe haber algún valor en las Iglesias, y le pregunté a alguien en la Hermandad que expusiera cuál era ese valor.

El valor de nuestras Iglesias es que nos dan un programa. Nos dan la oportunidad de manifestarnos mutuamente nuestros pensamientos del espíritu. Dan a los clérigos la oportunidad de tener los pensamientos del yo Divino y promover estos pensamientos. Las Iglesias le dan a la gente la oportunidad de obtener iluminación espiritual sobre la historia de la fe cristiana.

Las Iglesias nos incomodan con su dogmatismo, por supuesto. Nos cargan de culpa; nos crean inquietudes, pero tienen cierto valor. Si podemos ir a la iglesia sin tomar seriamente los manifiestos intentos de conducirnos a un punto de vista dogmático, entonces sí podemos recibir algo útil de la Iglesia. Entonces podemos ejercitar nuestro propio juicio sin considerarnos hipócritas. El problema con las Iglesias es que los seres que pertenecen a ellas o se consideran hipócritas o fieles siervos. De esa manera, nadie progresa. El dogma nos limita, nos señala un mayor mejoramiento, pero no nos ayuda a conseguirlo. La verdad de las Iglesias es la que la gente inventa sobre Dios, pero no es Dios abriéndose a nuestros propios seres. El Dios de la Verdad les llegará a todos, pero las Iglesias tratan de limitar nuestro entendimiento de esto, dándonos una imagen del ÚNICO CAMINO hacia Dios.

Para tener una Iglesia mejor, no es necesario que se nos dé ninguna verdad evidente. El camino consiste en buscar al yo Divino, dirigiéndonos al Dios del Universo. De esta manera, la verdad nos llegará individualmente, no colectivamente. Es la verdad individual la que hay que tomar en cuenta con respecto a Dios. **No existe la verdad colectiva.**

Asombrada por estas palabras, pregunté si no era correcto afirmar que "Dios es todo lo bueno; Dios es todopoderoso".

Estas verdades solo se convierten en realidades cuando nos tocan individualmente. Pueden ser repetidas sin cesar, pero no quieren decir nada hasta que ellas se entretejan en nuestro espíritu personal.

Insistí en que seguramente las Iglesias pueden formular estas cosas como si fueran verdades absolutas.

Ellas lo pueden hacer y lo hacen, pero no hay verdad que alcance a los individuos si estos mismos no investigan esta verdad.

Traté de visualizar un oficio religioso de un domingo por la mañana con el clérigo o sacerdote, diciéndole a la gente ninguna otra cosa que emprenda la búsqueda del Dios de su propio ser. ¿Qué podrían decirles aquellos que dirigen los oficios?

Le pueden decir a la gente que Dios es real. Les pueden decir a los fieles que Dios les da su verdad, que Dios les trae entendimiento. Luego, el clérigo, o quien sea, puede decirles que se dirijan al Dios de su propio ser para aprender el resto.

Le pedí su opinión sobre lecturas colectivas y afirmaciones para ayudar a establecer un giro de mente.

El giro de mente proviene de Dios. El giro de mente es el fruto del trabajo de cada ser en sí mismo. Dirige tu atención hacia el crecimiento –el plan de Dios procesado en vida tras vida–. Luego, deja que la gente realice su verdadero plan con Dios. El trabajo del clérigo es el de explicar que la gente no estará sola en este trabajo.

"¿Cada domingo el clérigo diría la misma cosa?", pregunté. En este caso, mi comunicador me dio sugerencias específicas.

El método del clérigo puede variar; puede ser meditación, música, el mensaje del yo Divino descubierto por otros, el trabajo de los espíritus avanzados en ellos, las oportunidades ofrecidas a ellos para hacer lo mejor de cada existencia. El clérigo puede decir a la gente que la mejor verdad es la que viene de su interior, y él le puede decir que su propia verdad –la del clérigo– no es exactamente como la de cada una de los oyentes, aunque la de cada uno de ellos pueda ser similar. Él les puede indicar cómo contactar a la Hermandad/al Consejero.

"¿Por qué –me pregunté– es la verdad de una persona diferente a la de otra persona? ¿No es la verdad incambiable?".

La verdad que es inmutable es que Dios existe. La verdad que varía de individuo a individuo es aquella que afecta su crecimiento. La verdad de mi alma no es la verdad de tu alma. Este es el verdadero método para asegurarse de que una verdad es la adecuada para sí mismo, solamente para el propio crecimiento del individuo, no para el de otra persona.

¿Qué me dices de la gente que, con respecto a ciertos asuntos y problemas sociales, mantiene opiniones fuertes que son válidas como propias creencias de Dios?

Realmente, este concepto es erróneo. Aquellos que tienen puntos de vista arraigados pueden averiguar si hay otros que están de acuerdo con su posición. Luego, pueden proceder juntos a influenciar las opiniones de los demás. Pero dar como sentado que su creencia o su verdad es la verdad de Dios al respecto, para siempre y para todos, no es la verdad en absoluto. Actuando así, ellos condenan a todos aquellos que difieren de ellos en su opinión. He aquí el método dogmático: una persona juzgando a otra.

Pregunté por la utilidad de los libros inspiradores en nuestra búsqueda por la verdad.

Estos les abren los ojos a la posibilidad de que hay más de una sola verdad además de la nuestra. Lo que hay que hacer es leer, pero tratar de encontrar su propia verdad. Este asunto de tomar la verdad de otra persona y tratar de aplicarla a nuestro plan exclusivo de vida NO es lo que se debe hacer. Libros sobre religión que tratan de inspirarnos a conectar nuestras vidas con Dios nos aportan mucho material sobre qué reflexionar. Sin embargo, esos libros tienen que indicarnos que debemos dirigirnos a nuestra propia fuente de verdad: Dios.

Muchos libros sobre religión presentan la verdad como la percibe el autor y tratan de ponerlos a todos ustedes en la misma longitud de onda. Esto no es lo que se debe hacer. Traten de rechazar acercamientos que intenten revelar el ÚNICO CAMINO HACIA DIOS. Tomen cada sugerencia, cada método, cada verdad que el escritor les presenta y pónganla en perspectiva. Esa perspectiva representa el propio punto de vista de cada uno de ustedes que está ligado a la verdad que Dios le da a cada individuo. Lleven la verdad a su propio templo para que sea remodelada ahí y luego, aplicada a su vida cotidiana. Ahí, en el templo interno de cada uno de ustedes, la verdad será revelada a cada individuo y únicamente a cada individuo.

¿Qué consejo –me pregunté– podría dar la Hermandad a los padres con respecto a la crianza de sus hijos?

Se espera que el niño haya venido al plano terrenal con un plan de crecimiento dentro del marco del yo Divino, pero la revelación de este plan no es siempre perfectamente clara. Por lo tanto, la gente divaga por uno y otro camino, pasando por varias experiencias en búsqueda de la expresión de su plan. Pero, si ellos se dirigen a nosotros para obtener ayuda, nosotros podemos ayudarles a entender su verdadero plan de crecimiento.

Sin embargo, no todo el mundo viene con un plan bien definido, pero es el deber de los padres ayudar al niño a entender que, aunque es el ideal de Dios que vengamos con el plan intacto, cada persona puede aún enterarse de este plan por medio de la oración. Cuando la persona cambia extremadamente en su manera de pensar y actuar, eso probablemente significa que esa persona ha descubierto su plan Divino. Entonces esa persona se aleja del vacío para acercarse a la luz de Dios que brilla sobre un camino. Esto es parte del trabajo de los padres, pero ningún padre o madre puede garantizar el éxito. El individuo es responsable frente a este plan, a su vida y a Dios.

¿Cuándo termina la responsabilidad de los padres con respecto a sus hijos?

Los padres tienen la principal responsabilidad de traerlos al mundo, cuidar de ellos y amarlos. Después está la educación, tanto la educación sobre la verdad como sobre la historia. Cuando la responsabilidad llega a su final, el padre le dice al hijo o a la hija, ya adultos, que él o ella son los que tienen que expresar su crecimiento espiritual con la ayuda de mensajes de verdad que Dios tiene para cada persona. Estos mensajes le vendrán de Dios por medio del Consejero/la Hermandad de Dios. "Es hora –dirá el padre– "de que asumas responsabilidad por la vida que has venido a vivir aquí. Esta vida es tu plan, concebido con la ayuda de Dios antes de que nacieras. Esta es la verdad que te dará la dirección a seguir para vivir tu vida. Sé feliz. Pon tu yo Divino en contacto con la Hermandad para que esta te dé la ayuda que necesitas. Entonces no desperdiciarás tu vida. Esta será fructífera e ideal".

Me pregunté si la verdad es difícil de aplicar. En el fondo de mi ser, supuse que debía haber sufrimiento y angustia de parte mía.

Esta es la Hermandad de Dios. Esta verdad de la que hablamos aquí es la verdad que abre sus ojos a las posibilidades que Dios tiene para darles. Esta verdad no es difícil ni tampoco causa sufrimiento. La verdad abre nuestros corazones y mentes a la manera regocijante de vivir, a la manera perfecta y bella.

La verdad –la verdad de Dios–. La verdad –la que les llega a ustedes con la ayuda de nuestra Hermandad–. La verdad –aquella que brota en nosotros–. La verdad –aquella que es irresistible–. La verdad –la mejor que conocemos–. La verdad –aquella que nos conecta con el Dios de nuestro ser–. Dios la Verdad, el Principio, el Crecimiento Maravilloso, el Bien que está con nosotros, el Bien que obra a través de nosotros, el Ser que engloba la energía del pensamiento del universo dentro de lo que es, lo que existe, lo que nos enseña la verdad. La verdad –esa es la meta de tu ser en esta Tierra–.

— ❀ —

ESTIMULADORES DE PENSAMIENTOS

1. *Todas las Iglesias poseen una parte de la verdad. La Biblia, según la Hermandad, es una fuente de verdad entre otras. ¿Cómo podemos tener acceso a un flujo abierto de verdad viviente desde nuestro interior?*

2. *¿Qué pasa cuando escuchamos la voz que denominamos del diablo? ¿Cuál es el papel del concepto de Satanás?*

3. *Tenemos el poder de perdonar o de retener pecados. ¿Qué entiende usted acerca de las maneras en que este poder funciona en su vida?*

CONCIENCIA DIVINA

Trabajo Interno: *La verdad abre nuestros corazones y mentes, uniéndonos a Dios para que disfrutemos de la vida de una manera bella y perfecta. Céntrese en el pensamiento de recibir toda su verdad a través de su canal Divino. Pídale ayuda a la Hermandad para abrir su canal Divino. De esta manera, usted se crea una idea consciente de su relación con Dios.*

Aprender más sobre el próximo plano de la vida

7

Cómo aprender a transformar los propios pensamientos en cosas, no solamente en el próximo plano de la vida, sino también en este plano terrenal. La calidad de vida en el próximo plano depende de nuestra habilidad de utilizar el pensamiento efectivamente para producir el bien.

Los espíritus de la Hermandad creen que nosotros en este plano terrenal necesitamos prepararnos para el próximo plano de vida antes de que lleguemos allá. Mientras mejor entendamos el próximo plano, más rápido nos adaptaremos a él. Los que llegan al próximo plano con falsas expectativas o absolutamente ninguna noción de lo que es ese plano pasan por un período largo de re-educación.

El yo Divino que desarrolla el individuo en el plano terrenal le proporcionará verdad positiva, pero, si esa persona no ha reflexionado sobre este plano, se encontrará en estado de conmoción por un tiempo.

Con el fin de disminuir esta conmoción o prevenirla totalmente, fue escrito este capítulo.

Aquí en este plano, nuestros pensamientos se manifiestan en forma de cosas. Sí, para expresar las cosas buenas de la vida, a nosotros nos basta con pensarlas.

Sorprendida, interrumpí la recepción momentáneamente. Después el mensaje continuó.

Esto es demasiado confuso, lo que lo hace difícil de entender, tal vez. Pero no recibiríamos las cosas que necesitamos aquí si no las manifestáramos por medio del pensamiento. Por esta razón, pensamos cautelosamente, no desordenadamente. Nosotros mantenemos nuestros pensamientos bajo control, de manera que podamos estar preparados para manifestar lo que necesitemos. Si perdemos el control, nos exponemos a que manifestemos nuestros miedos, nuestros duendes, nuestros otros horrores, y después tenemos un infierno hecho por nosotros mismos.

Mi concepto del "cielo" era uno de belleza y paz. Esperé que alguien hablara sobre este pensamiento.

El "cielo" del cual hablas es producto de tu imaginación. No es un lugar permanente en este plano a donde tu espíritu es enviado.

¿O sea que Jesús no está "preparando un lugar para mí, en el que adonde él vaya, yo también pueda ir?" ¡Cuántas veces he oído al Jesús Bíblico citado de esta manera! Mi maestro contestó rápidamente:

Nunca pienses que Dios se hace cargo de tu espíritu aquí o allá en la Tierra. Ustedes entran libremente a ese plano para que puedan escoger entre el ser Uno con Dios o no. Esta es la ley inmutable que es Dios. No te hagas la idea de que Jesús es responsable por el lugar a donde tu espíritu va a ir en el próximo plano. Ni Jesús ni ninguno de la Hermandad conduce espíritus al cielo como ovejas que tienen que ir a donde el pastor las lleva. Sin embargo, el aliarse con Jesús o con otros espíritus avanzados les dará más seguridad de que cada quien tiene un ayudante.

Si comienzas desde ahora a utilizar tu pensamiento muy circunspectamente, estarás lista para dirigir tu vida cuando vengas aquí. Así puedes aprender a servirte de tu proceso de pensamiento para el bien, no para el mal. Para que entiendas esto mejor, podríamos comparar tu pensamiento actual con cualquier dificultad que tengas. Las dificultades te causan dolor y tú puedes rezar para que desaparezcan o les puedes dar tanta importancia que se volverán agobiantes.

El camino para llevar una buena vida consiste en concentrarse en lo que es bueno. Darle poder al mal es darle poder a lo que nos hunde. Piensa más bien en lo contrario, en el otro lado de la moneda. Si primero piensas: "Mi enfermedad es terrible", sustituye ese pensamiento por: "La salud es mi verdadero estado". En vez de pensar en pobreza, piensa en abundancia, y sé específica. ¿Qué es lo que realmente necesitas y quieres? Reflexiona sobre esto claramente.

Le pregunté que si era verdad que nosotros podemos transformar nuestras dificultades en experiencias positivas y nuestras carencias en abundancia.

El que ustedes puedan experimentar el sentimiento de la insuficiencia cuando tienen la sustancia que nunca se acaba es motivo de asombro para nosotros en este plano. ¡Claro que pueden servirse de esa sustancia!

Le respondí preguntándole cómo se logra eso.

El CÓMO consiste en concentrarse en la sustancia que está presente, que es interminable, aquello que da energía a cualquier pensamiento creativo. Dios nos da esta sustancia para que la utilicemos, no para maravillarnos de ella.

Lo primero que tienen que hacer es poner sus propios pensamientos bajo control. Luego, deben concentrarse en los grandes recursos de Dios que están disponibles para todos ustedes. No hay falta de ninguna cosa ni ningún límite para el suministro de este patrimonio. Hay tanta de esta sustancia, que es imposible que se agote. Por lo tanto, pidan lo que deseen. El deseo del individuo le participa a la sustancia que ese individuo está teniendo el pensamiento que le dará acceso a los recursos disponibles. Después ese espíritu le da energía a ese pensamiento, entregándoselo al Dios de su ser, en EL QUE moran sus mejores intereses. Dios nunca les fallará. Él es el Padre benévolo, lleno de abundancia, que siempre trata de orientarlos en el sendero que ustedes han escogido para lograr el crecimiento de sus almas.

La segunda cosa que hay que hacer es mantener en mente la idea de lo que ustedes anhelan. Piénsenlo detalladamente, véanlo desde todas las perspectivas, piénsenlo hasta el punto en que ustedes sepan que lo ven claramente. Luego, sientan el júbilo que les causó el haber recibido su extraordinario obsequio. Ábranse a la verdad de que Dios efectivamente dio el regalo. Hagan uso de él con el despego característico de los ricos, quienes saben que hay más de esa sustancia allá de donde viene ese regalo. ¿Entendido? El Padre es lo que se manifiesta de muchas maneras, pero Él es el Padre de la abundancia. El concepto le da solidez a la creencia de que Dios es lo que Él dice ser: el Dador de todo lo Bueno, la Verdadera Maravilla que manifiesta en este mundo lo que necesitan aquellos que aceptan su promesa.

Si queremos manifestar nuestros buenos pensamientos, los Hermanos dicen que debemos escoger la opción de andar en la vida acompañados de la verdad. De lo contrario, nos aferraremos a las viejas ideas que nos mantienen enterrados en el pensamiento caprichoso de la creencia en un Dios Que descarga Su furia sobre nosotros. "Es hora –dice mi comunicador– "de ser receptivo a nuevos pensamientos".

El proceso de pensamiento es lo principal aquí en este plano. Si los individuos no lo aceptan, comienzan a creer que están locos o que son extraños. La idea de que el pensamiento se manifiesta es el punto que hay que aceptar.

Le sugerí que seguramente las almas que están aferradas a la Tierra y que han pasado al próximo plano de vida no entienden este principio.

Las almas que están atadas a la Tierra quieren vivir nuevamente en ella. Todavía tienen problemas terrenales consigo mismas. No pueden liberarse de ellos. Manifiestan sus pensamientos agitados en la creencia de que van a ser condenadas al infierno. Se sienten indignas y sus pensamientos crean condiciones indignas.

Le pedí un ejemplo.

El espíritu de una determinada persona llegó aquí sin ninguna noción sobre el proceso del pensamiento. Los pensamientos de esta persona reflejaban culpabilidad de pecados que consideraba no perdonados. Estos sentimientos de culpabilidad dieron lugar a circunstancias tristes para esa persona: la casa pobre en la cual esconderse, la verdad deficiente para darle consuelo, el gran miedo al juicio que le ocasionó su mayor congoja. Esta persona creía que Dios tenía una mala opinión de ella, y, por consiguiente, la persona creaba pobreza a su alrededor, porque pensaba que se la merecía.

Entonces nosotros comenzamos a enseñarle a esta persona que Dios posee la verdad para cada individuo, que ella tiene que encontrar la verdad buscando su propio ser interior. Pero esto es tan difícil aquí. En este plano, no se expresa otra vida que no sea la que esa persona se haya forjado. La entidad no dispone aquí del mundo material para enfrentársele. Y no hay ninguna persona digna en su alrededor que le pueda manifestar una verdad diferente. Todo de lo que una persona dispone son las circunstancias que ella misma crea. Tal es su vida aquí, y ahí ella se mantiene, fija, como si estuviera incrustada en concreto.

¿Quieres decir que el individuo que se considera a sí mismo "un pobre pecador desdichado" crea su propia desdicha?

Esta es nuestra verdad, que ustedes se crean en este plano cualquier imagen que tengan de ustedes mismos. Así, es importante que se conviertan en un amante de su propia alma, que sean la persona que genere pensamientos dignos sobre sí misma. Díganse a sí mismos que son dignos de ser amados, que atraen el bien. Entonces, con esta conciencia, vendrán aquí listos para crear lo bello y lo bueno, para tomar el camino hacia lo mejor que el crecimiento pueda producir.

Pregunté si esta misma verdad se podría aplicar a nuestras vidas en este plano terrenal.

La misma verdad es aplicable en el plano terrenal. Para

que puedas entender que ustedes crean su propio mundo aun en la Tierra, mira a tu alrededor. Es evidente que has creado tu verdadero propio crecimiento en tus alrededores.

Ellos me nombraron ciertos aspectos de mi vida, tales como mi esposo, a quien ellos denominaron "el mejor esposo para mí"; mi casa, mi mobiliario. Entonces añadieron:

Estas cosas son puramente materiales. No tienen valor espiritual que hará de ellas las cosas-pensamientos maravillosas y óptimas que traerás acá. Desaparecerán de tu vida, lo cual está bien, pues a ti no te importan mucho las cosas materiales. Pero para aquellos que piensan que tienen "que llevárselas consigo mismos" de alguna manera, tienen que envolver sus objetos de valor, sus pertenencias preciosas en esta energía-pensamiento, que será la realidad espiritual.

Ahora bien, esto era un concepto totalmente nuevo —que podamos "llevárnoslas con nosotros mismos" cuando abandonemos este plano—. Tenían razón cuando dijeron que no me importan mucho las cosas materiales, pero hay siempre ciertos objetos especiales que yo también quisiera llevarme conmigo; por lo menos, hasta que pierda la necesidad de tenerlos. Pedí nuevamente que me explicaran cómo manifestar nuestros deseos por medio de esta sustancia, que es ilimitada y versátil.

Si necesitas comida, puedes producir comida. Puede que necesites otras cosas, y las puedes producir también. Cuando desees tener cosas para las cuales no tienes el dinero en moneda terrenal, recurre a la sustancia.

Esta respuesta me pareció escueta, como si el asunto de convertir sustancia en lo que queramos fuera una cosa simple.

También recibí la clara impresión de que estos Hermanos avanzados se asombraban de mi propia lentitud en entender, que tenía que pasar tanto tiempo hablando del concepto. Con algo de exasperación –pensé–, uno de los Hermanos escribió:

Acepta esto como te lo damos. Eso es todo lo que puedes hacer porque no hay nada en el mundo material que te pueda decir cómo funciona esto. Esta es la verdad que te damos. Trata de disfrutar de esta verdad sin analizarla. Es así como introducimos nuevas verdades en las mentes de ustedes. No las analices; acéptalas.

Tengo la impresión de que varios Hermanos contestan mis preguntas, pues cuando volví al tema de la sustancia otra vez, recibí una respuesta más paciente. Le mencioné que mucha gente materialmente rica en este plano terrenal ha creado bellos hogares y los ha amoblado lujosamente. ¿Esta gente tiene estas cosas debido a su propia autoestima?

Para que puedas entender este concepto, deja que te expliquemos el principio más detalladamente. La sustancia pura que ustedes tienen disponible es aquella que consiguen sin el sudor de la frente. Aquello que ustedes consiguen por medio del esfuerzo de su parte es aquello que se crea de una manera material sin servirse de la sustancia de Dios. Mira, hay dos clases de manifestación. Una se logra por medio del sudor de la frente y la otra proviene de la sustancia de Dios. Pero en este segundo plano de vida, solo existe la sustancia, no la materia. Esta es la gran diferencia. O sea que lo que uno piense de sí mismo puede afectar su vida allá en el plano terrenal en cuanto a posesiones materiales, pero esto no es todo. La sustancia hace que las cosas materiales resplandezcan con la realidad del espíritu y contiene la promesa de que Dios es el Dador de ellas. El canal abierto que te transmite esta verdad confía en que entiendes este concepto. Lo principal aquí es que ustedes doten a las cosas que posean con la realidad que Dios tiene para dársela a ustedes. Aquello que es la verdad no perecerá, pero aquello que está hecho de sustancia material, perecerá.

Cuando la Hermandad habla de realidad, habla de espíritu. Cuando nosotros hablamos de realidad, lo más probable es que estemos refiriéndonos a cosas materiales. El combinar estas dos realidades en el plano terrenal es nuestra tarea si queremos hacer de nuestros mundos individuales unos mundos bellos y eternos.

Lo esencial de lo que decimos es darles el entendimiento de que Dios es el verdadero Dador, no el hombre. Que las cosas materiales **piensen** tiene sentido. Que el pensamiento les dé realidad es revestirlas con el gran poder que es de Dios. Fíjate que así es como te las puedes "llevar contigo". Reviste tus cosas con la sustancia espiritual de Dios, que es la realidad con la que tenemos que ver en este plano de vida.

Sugerí que no era fácil para mí aceptar este concepto de la sustancia espiritual, pues vivo en un mundo que usa el dinero como medio para conseguir cosas. Todo es fabricado o hecho a mano. Todas las cosas tienen una apariencia sólida. Son reales para mí así como son.

Estos objetos sólidos dan la impresión de ser verdad eterna, pero perecen y se deterioran porque están sujetos a la opinión terrenal. Según la opinión o el pensamiento terrenal, la materia se deteriora. La opinión de este próximo plano de vida es que el deterioro no tiene necesariamente que existir. Nosotros hacemos las cosas que necesitamos y les damos su solidez, pero, si ya no las queremos tener o no las necesitamos, se desvanecen. Las cosas que ustedes tienen en la Tierra, se abren a la energía de su pensamiento, según el cual existe el deterioro, y por eso se deterioran. Ellas se entregan nuevamente a la sustancia pura de Dios. Esto es lo que es deterioro: el volver a la sustancia pura de la cual provienen. Esta es la verdad.

Se dice que la madera es sólida y sirve para hacer muebles. Pero no es lo sólida que aparenta ser. Lo sólido es únicamente la apariencia. El único aspecto sólido es la maravillosa verdad según la cual podemos cambiar su forma, su apariencia exterior. Pero la parte que la mantiene junta consiste en la unión de elementos complejos que encuentran sostén rápidamente. Pero aun estos tampoco son lo suficientemente estables para durar eternamente. Estos elementos requieren petrificación, la cual llevamos a cabo con nuestros pensamientos para hacer de esta sustancia una sustancia permanente. Provocamos que la verdadera sustancia Divina sea energía que apunte hacia la realidad que necesitamos: aquello que es incorruptible, aquello que es inoperable, aquello que es inviolable, aquello que no se deteriorará ni perecerá. La petrificación es posible cuando ustedes piensan en el maravilloso poder de Dios para que envuelva estas cosas en Su gran energía. Entonces estas cosas estarán como petrificadas. Se convierten en duraderas y ustedes pueden llevárselas al próximo plano porque ya son formas-pensamientos.

Francamente, estaba impresionada por estas verdades. No va a ser posible para mí ver mi mundo exactamente de la misma manera en que lo veía antes. Recuerdo mi primera clase de química en la universidad cuando el tema de los elementos del universo me fue presentado. Me aprendí las fórmulas de tantas sustancias, de las que me servía diariamente –agua, aire y muchas otras–. La verdad que nos transmitía el profesor de química era que no hay tal cosa como la materia sólida. Siempre me sentía más instruida sobre mi mundo debido al curso de química, pero antes de recibir estas lecciones de la verdad de la Hermandad, no les había dado a aquellos hechos la seria atención que se merecen.

Le pedí información sobre los otros aspectos de la vida en el próximo plano. La gente siempre se pregunta si verá a sus seres amados en el más allá. Algunos se preguntan si sus vidas continuarán de una manera muy parecida a sus vidas de antes en el plano terrenal, con el aprecio por el arte, la naturaleza o intentos creativos. Los individuos son tan diferentes los unos a los otros. Los estilos de vida difieren de un individuo a otro. ¿Habrá una sensación de estar en su hogar en el próximo plano?

Estoy listo para explicarte la ley del próximo plano. Aunque el principio descrito es la verdad maravillosa que está aquí, no has captado la imagen completa. No es posible en el plano de ustedes entender la imagen que te describo. Pero, de todas maneras, intentaremos juntos para que se te haga más comprensible. Esta es la Hermandad de Dios, informándote sobre esto.

En este plano, todo tiene forma de pensamiento puro. El entorno es pensamiento. Fuera de nuestros cuerpos espirituales, creamos el ambiente conforme a lo que somos interiormente. Nos expresamos aquí en concordancia con nuestro nivel de crecimiento espiritual. Esto significa que nos adentramos recíprocamente en nuestras buenas verdades si en este plano consideramos que la verdad del otro es compatible con la de nosotros mismos.

Los que se agrupan aquí tienen mucho en común. Debe haber este pensamiento común para mantener la hermosura en la que anhelamos vivir. También está el aspecto del buen entendimiento mutuo. Aborrecemos la desavenencia. Por lo tanto, nos reunimos alrededor de los que tienen la misma manera de pensar que nosotros mismos. Entonces nosotros, en este plano, nos convertimos en uno en nuestra manera de pensar. De esta manera, construimos lo que parece ser de materia sólida —los árboles, las casas, las vías fluviales—. Pero todo es pensamiento, manifestado según nuestros patrones mutuos de crecimiento. Así no perdemos tiempo en riñas. Confiamos el uno en el otro completamente. No perdemos tiempo buscando oportunidades para hacernos poderosos porque no hay nada aquí que el poder pueda moldear o manejar. Solo las ondas de mutuo pensamiento aportan el poder que nos proporciona nuestro bien.

Esto no es preocupante. No creas que vivimos en un ambiente inestable. Entidades que saben y entienden cómo expresar la verdad de Dios se alían para proporcionarse el bien los unos a los otros. Así crean un entorno estable. Un ambiente inestable es posible, sin embargo, si entidades de pensamientos inestables se juntan. Se transmiten mutuamente inestabilidad y crean así lo que piensan.

En el plano de ustedes, hay los que traen sus debilidades a este lado para volver a ejecutar la misma confabulación, que —ellos siguen insistiendo— es su verdad: la debilidad del cuerpo, la debilidad de la mente, las emociones, los patrones de crecimiento siempre extraños que siguen.

Luego, se agrupan con otros de mentes semejantes que creen que su mundo está hecho del mal, de la maldad, de miedos funestos, de problemas que los acosan. Cuando fijan sus mentes en estos aspectos negativos, ellos crean su propio ambiente al pensarlo: el mal tiempo; hermanos sedientos de poder, quienes les dicen qué hacer y qué pensar. Se esconden en este ambiente esperando salir de él cuando se conviertan en almas dignas.

La verdad sobre el lugar que habitan es que ellos creen que su camino es el único, el correcto y el mejor para llegar a Dios. Ellos se trasladan hacia la verdad creada por ellos mismos. Se alejan de las mentes abiertas. Se cierran en este claustro de infelicidad, exactamente como lo hicieron en la Tierra. Ah, no se imaginan que ellos mismos han hecho esto. Ellos piensan que están en el cielo, y el hecho de sobrevivir es suficiente para ellos para denominar ese lugar "cielo". Tratar de instarlos a acercarse a su verdad interior es igual que ir al fondo del océano para hablar a los peces que habitan el mar profundo sobre el yo Divino. Continuarían abriendo sus bocas sin escuchar ni una vez, sin tomar alguna vez en cuenta tus palabras. Tienen mentes cerradas, corazones cerrados.

Pregunté si alguna de estas almas de mentes cerradas y corazones cerrados es un ser religioso.

Ellos creen que practican religión, pues creen que tienen el sello de Dios sobre sus seres. De vez en cuando, miran a hurtadillas hacia afuera y creen que nosotros, los que estamos en la bella atmósfera, debemos estar en el camino hacia el infierno. La idea del cielo es que la existencia ahí es difícil, que es el deseo de Dios que ellos sean como son. Creen en el Dios del juicio, no en el Dios del Universo.

¿O sea que puede que algunos de nuestros amigos terrenales elijan aferrarse a un grupo, y otros, a su vez, prefieran aliarse con otro?

Esto es correcto, por supuesto, pero aquellos en este plano que se aman los unos a los otros estarán juntos. Es la ley de Dios que el amor nos reúna. La ley o el principio que se expresa aquí es que el único vínculo que amerita ser cultivado es el verdadero amor.

Describiste dos clases de ambientes ahí en el plano de ustedes. La gente tiene diversas clases de sistemas de creencias, por lo que asumo que debe haber numerosos ambientes.

Los sistemas de creencia de los que hablas se convierten en los patrones de crecimiento aquí. Luego, la gente que se une se sirve del pensamiento para pertenecer a su propio patrón de crecimiento. De esa manera, las distintas atmósferas se convierten en "casa matriz". La gente puede viajar para ver otros lugares, pero no puede intervenir en ellos. Esas almas pueden observar, pero no hay ningún trabajo misionario aquí. No hay ningún pensamiento que provenga de ellas con la intención de cambiar a nadie, pues en este plano es difícil crecer debido a las razones ya expuestas.

Volví al tema del agrupamiento de nuestras almas en diversos patrones.

Eso no es ningún problema. Los patrones de crecimiento se relacionan en enjambres, tal como lo aprenden ustedes en clases de química en la Tierra con respecto a los átomos y las moléculas que se aglomeran para formar la materia. Nosotros nos ponemos en contacto con las almas a quienes les abrimos nuestras mentes. Así encontramos verdaderos hogares aquí. De esta manera, no hay trauma debido al juicio y sus consecuencias. Aun los criminales, las mentes deformes que se unen las unas a las otras en el plano terrenal, se pueden contactar mutuamente aquí y pueden llegar a creer que han encontrado el cielo –por lo menos, por un tiempo–. El "por lo menos" se refiere a su posible crecimiento. Se tornarán insatisfechos con su destino y comenzarán a abrir sus mentes a la verdad. Puede que se alejen del primer grupo para unirse a otro. De esta forma, nadie es profesor de nadie aquí, pero todos aquí aprenden como puedan. Por eso, es importante en el plano terrenal no desperdiciar la vida, sino más bien aprender lecciones, ser el canal abierto –el Cristo que se comunica con nosotros, a fin de que aprendamos la verdad y restablezcamos nuestra conexión con Dios–.

La Biblia pinta a Dios como nuestro juez, y le pedí a uno de los Hermanos que hiciera un comentario sobre esto.

El Dios del juicio es incuestionablemente el que todo el mundo conoce. Este Dios es conocido porque todos estamos de acuerdo con la necesidad del juicio para traer la justicia que pensamos que deba llevarse a cabo. Este Dios del juicio es aquel que nos da la convicción interior sobre la manera en que vivimos nuestras vidas. El Dios del juicio nos dice la verdad en asuntos que contribuyen al crecimiento de nuestro ser. Pero no nos convertimos en las personas buenas de Dios con SOLO conocer a este Dios del juicio. El juicio no es más que el primer paso hacia el conocimiento de uno mismo. Este Dios del juicio nos da el poder para que nos demos cuenta de cuando nos encontremos en el mal camino para que abramos nuestros ojos a la verdad, para estar ahí con el propósito de advertirnos. Para seguir desde este punto hacia adelante, tenemos que abrirnos a las otras verdades que Dios posee para dárnoslas.

Leí ayer en el periódico que 42 niños murieron en un accidente de autobús en Sudáfrica. He estado pensando sobre la conmoción, el miedo, el trauma de estos niños cuando se estaban muriendo. ¿Qué les sucedió?

Estos niños se despertaron en el otro plano sin recordar nada sobre su muerte. La muerte es un acontecimiento breve. Parece ser un asunto largo, pero, de hecho, no lo es. La muerte no es algo atemorizante y las circunstancias que la causaron hasta se olvidan aquí. Estos niños que están aquí con nosotros les prestan su atención a sus verdaderas identidades, sus verdaderas personalidades. Ellos escogen el patrón de crecimiento con el cual se sienten más a gusto y ellos regresan a casa, al hogar donde se sienten más cómodos.

Le pregunté si las almas de algunos de los niños estaban esperando ver a sus familias terrenales.

Ellos lo pueden hacer, pero muy pocos lo hacen; solo aquellos que no poseen ninguna verdad que los sostenga en cuanto a escogencia de su patrón de crecimiento. A estos les da miedo todo, estos que están aferrados a la vida terrenal. Se encierran en sí mismos.

Volviendo al tema de los grupos de almas que piensan similarmente, le pregunté otra vez sobre la vida social de estos niños.

Lo que es para ustedes vida social no es igual a la vida social aquí. Todo lo que se hace aquí se hace por medio del pensamiento. En este plano hay una sinceridad que ustedes en la Tierra no pueden concebir. Por lo tanto, reunirse para conversar no es necesario. Nuestro pensamiento viaja hacia aquellos con los que queremos hablar, y otros también reciben los mensajes. Para tener compañía solo se necesita desearla. El querer tener música es tenerla, ya que aquí hay muchos que se ocupan de ella. El querer ver arte expuesto –bueno, esto está en todas partes, pues los artistas embellecen nuestro entorno completo–. Ellos nos conmueven con sus bellos diseños-pensamientos –pinturas, esculturas y otras artes que expresan belleza pura–.

También está el teatro, por supuesto. Este también afecta las vidas de aquellos a quienes les fascina deambular en el pasado o en las verdades sobre el crecimiento o en las manifestaciones del yo Divino. El teatro contribuye mucho a la activación de nuestro interés por el progreso de nuestras vidas aquí. No hay pornografía aquí porque no hay espectadores para ella. Puede que haya algún público en algunos grupos. Hay almas desdichadas que se aferran a toda su lujuria aunque esta no las satisfaga. Este es el grupo más triste de todos.

Pregunté si había algo más sobre el próximo plano de la vida que la Hermandad quisiera explicar.

El próximo plano de la vida es el verdadero hogar de todos, por supuesto. Este plano les da lo mejor que nuestras mentes puedan imaginar. Este plano constituye el maravilloso lugar que ustedes forjan o es el terrible lugar que ustedes crean según sus propios pensamientos. Sé la que crea el bien, pensando el bien. Piensa bien de ti misma y de aquellos con los que te relacionas. Piensa lo mejor de ellos para que se manifieste lo mejor. Entrégale tu corazón a Dios, al Dios de tu ser, quien es el principio de todo lo bueno.

— ✲ —

ESTIMULADORES DE PENSAMIENTOS

1. *En el próximo plano de la vida, las cosas se manifiestan por medio del pensamiento. La Hermandad explica que este principio espiritual funciona de la misma manera como en el plano terrenal. ¿Qué ha observado usted que sea importante con respecto a los pensamientos?*

2. *Cuando la Hermandad habla sobre la realidad, habla sobre el espíritu. Cuando nosotros hablamos de realidad, hablamos de cosas materiales. Describa cómo usted puede combinar estas dos realidades para ponerlas en práctica en su vida.*

3. *Las almas se agrupan según la semejanza de sus formas-pensamientos en el próximo plano de vida. De esta manera, todos tenemos un hogar. Piense cómo sería su hogar ideal en el próximo plano. ¿Qué crearía su pensamiento?*

Trabajo Interno: *En este capítulo se enfatizó la trascendencia de nuestros esquemas de pensamiento. Nosotros nos llevamos este mismo proceso de pensamiento al próximo plano. Invite a la Hermandad a que le ayude a discernir sus propios modos de pensamiento y a transformar su propia manera de pensar.*

Diseñar nuestro propio destino

8

*Convertir nuestros sueños en realidad, trabajar
con nuestra propia verdad al tomar decisiones,
vaciar nuestro ego para que Dios nos colme, entregar
nuestros cuerpos a espíritus avanzados, abrir nuestros
ojos a la verdad universal.*

Dios es real. Dios es práctico. La idea de que Dios es un concepto impráctico, una pura ilusión, es ridícula. La realidad es Dios, pues lo que es de Dios no perece, no se degenera o desvanece. ¿Existe algo en el plano terrenal que pueda aceptar ese reto? ¿Sobre qué otra cosa se puede decir eso?

Este capítulo contiene mucha información que deja perplejas nuestras mentes, que nos hace pestañear con incredulidad, pero que nos da la esperanza de que nuestros mejores pensamientos sobre Dios sean realmente ciertos.

Confiérele atención a tus esperanzas y sueños, y entrégale tu ego a Dios, a Su sustancia, a Su verdadero ser, que constituye el crecimiento. Entonces di la palabra que recibes. Dios te está colmando de la verdad que es amoldada específicamente a tu propio ser, verdad que te aportará comprensión. Cuando creas que has sido colmada de esta verdad, serás Una con Dios en tus propósitos.

Confíale a Dios cada imagen que te viene a la mente para que Él la pueda purificar. Luego, lleva la imagen que Él ha refinado a tu ser interno para guardarla ahí bajo custodia. Esta imagen surgirá como la manifestación de lo que tú has visto con la ayuda de Dios. De esta manera, juntos, tú y Dios, estarán forjando tu destino. Toma las imágenes –los planes, las esperanzas, las expectativas de la vida que quieres vivir– y preséntaselas a Dios.

Mientras leía lo escrito arriba, seguí las instrucciones. Me imaginé mis ambiciones y mis más profundos sueños, mis esperanzas y expectativas. Parecían ser iluminadas por una luz blanca muy brillante. Entonces uno de los Hermanos me dijo:

Esta luz brillante es la iluminación que te llega a ti de Dios. Deja que estas imágenes disfruten del favor de esta luz, sin tratar de acelerar su desarrollo. Ten presente que Dios está trabajando para refinar las imágenes aun ahora. Esas imágenes que describiste antes, esas de las que piensas disfrutar en tu vida, esas son las que Él lleva a Su verdad.

La mejor parte de este procedimiento es que siempre funciona. No tomes ningún pensamiento como resultado hasta que Dios refine estas imágenes. Luego, abre tu mente para recibirlas refinadas hasta su perfección. Te deleitarán. Te satisfarán. Expresarán el deseo de tu corazón que no expresas por miedo a ser demasiado desagradecida o demasiado indigna. Existe esta "abundancia" en el universo de la que nos podemos llenar. Esta "abundancia" no tiene nada que ver con las cosas externas que ves; pertenece a lo invisible, lo invisible que hará realidad los muchos sueños que tenemos cuando le entregamos nuestras imágenes a Dios para que las desarrolle.

No hay duda de que el hecho sobre la materialización de nuestros pensamientos como producto combinado del factor creencia y la sustancia universal nos da razón para inquietarnos. Aun si pudiéramos, ¿deberíamos estar haciendo esto? ¿Es brujería? ¿Es un impulso egoísta y malo? ¿Es esto peligroso o engañoso?

Que nosotros pudiéramos ser maestros del mal es inconcebible. No hay ninguna oportunidad que haya llegado a la humanidad que esta no haya resistido si la idea era nueva. La oportunidad se le da ahora a estos lectores de experimentar por su cuenta con esas verdades que se basan en la verdad del Dios del Universo. La verdad no solo está apuntando hacia nuestro propio plano; también señala hacia el plano terrenal. La verdad proporciona maneras de resolver muchos de los problemas del mundo. Que nosotros les transmitamos a ustedes mentiras es irrisorio. La Hermandad es incorruptible, pues es creada por el espíritu de Dios.

La verdad es lo que Dios desea transmitir. No está escondida, está adaptada a tu longitud de onda, es la energía-pensamiento que abre la mente a todo lo que Dios tiene para dar. No muchos entendieron esto cuando Jesús estaba en la Tierra. No muchos lo entienden hoy en día. Dios quiere obsequiar buenos regalos. Este Dios del Universo nos quiere encaminar a todos a Su entendimiento para que nos acerquemos a Él en la manera de utilizar las verdades. Esta es nuestra misión aquí: aportar las verdades. Luego, ustedes y Dios juntos harán que las verdades se manifiesten.

También está el asunto del pensamiento que se materializa por medio del uso del principio Divino adecuado. La manifestación del pensamiento siempre le parece a los habitantes de la Tierra algo ridículo, pero también funciona de una manera práctica si ustedes siguen el principio apropiado. Este principio contiene los elementos de Dios, el Dios universal, más los elementos del crecimiento de cada uno de ustedes. Toma el concepto más alto que tengas de Dios, púlelo hasta lo máximo en tu mente para que resplandezca. Nada lo esconderá y nada impedirá la manifestación cuando se incluya el elemento de la verdad. Tú, más la visualización pulida del concepto más alto de Dios, más la verdad de que existe esa sustancia a disposición de todos, completan la manifestación. Inténtalo.

Presenta tus sueños, tus esperanzas, tus necesidades financieras y viejos pensamientos que han estado contigo por mucho tiempo con el deseo de mejorar tu vida.

Tuve que admitir que estos "viejos pensamientos" estaban tan profundamente escondidos en mi interior que ya no me acordaba de ellos. Inmediatamente, para mi mayor sorpresa y deleite, un Hermano me puso en una lista todos esos pensamientos enterrados en mi ser. Me imagino que ya los había archivado en la carpeta "Imposibles de lograr" de mi espíritu.

Estos deseos ni son egoístas ni son inalcanzables. No pienses en poner a Dios a prueba, sino más bien a ti. **No recibirás lo que crees no merecer.** Por lo tanto, abre tu mente y abre tu corazón a la bondad maravillosa de Dios. En este lado del canal abierto, te vemos disfrutando de todo lo que deseas de corazón. Sé sincera a estos pensamientos. Abre tu mente a ellos para que se realicen en tu vida. El error principal en todo esto es que la gente trata de trabajar hacia sus metas excluyendo a Dios como compañero en este trabajo. Es posible allanar el camino como con motoniveladora (*usando la mente terrenal*), pero la manera de disfrutar de todo el proceso y hacerlo significativo es poniendo sus metas al cuidado de Dios y de su gran poder para que se manifiesten.

Me pregunté si le debería pedir a Dios que refinara estos sueños redescubiertos.

El refinamiento ya se hizo y tú lo sabes porque las imágenes se han mantenido como siempre. Dios las ha aclarado y te las ha ofrecido para realizar tus esperanzas. Es hora de pulirlas hasta que brillen porque ya son el pensamiento más alto de Dios en la expresión de tu vida. Llévate estas imágenes a tu ser interior teniendo presente que Dios está poniendo en marcha su realización.

Este asunto de la verdad que dirige nuestras mentes hacia el ejercicio concreto es el concepto importante que hay que entender. Nuestra propia verdad interior nos libera de la preocupación de tener que ponernos a sacar numerosas verdades y hacer continuamente una selección de ellas. Tu verdad es solamente tuya. Este es el punto principal aquí. No te preocupes por la verdad de otras personas, independientemente de cómo traten de cambiarte o convertirte. Tú y Dios diseñan la verdad de tu ser. Así siempre caminarás en la luz del sol de Dios.

Le pregunté si la palabra era "hijo" –queriendo decir Jesús– o "sol"[1]. *Pero no había ningún error.*

No. El sol al que nos referimos es la iluminación que Dios nos da a todos. El Hijo del cual hablas es la relación entre Dios, que nos ama, y nuestro Cristo interior. El sol del cual hablamos no es la relación, sino la luz pura de Dios que brilla sobre nosotros cuando orientamos nuestros espíritus hacia Él para que nos ayude en el crecimiento de nuestras almas.

¿Consiste la religión simplemente en dirigirse a Dios con el fin de que cada quien obtenga su verdad? Quise verificar mi definición con mi comunicador.

Lo que para nosotros es religión consiste en que los hombres y las mujeres confiarán en el Dios de su ser para que los guíe hacia el camino de vida que ellos seguirán. El crecimiento es de Dios, no de los dogmas del hombre. Dios es el ÚNICO, el Poder, el Crecimiento Puro que anhelamos. La religión consiste en recibir la verdad de Dios y en convertirse en una persona que claramente se considera Una con Dios, que es libre de ser sí misma, no una pieza dentro de la maquinaria de la Iglesia.

La vida nos ofrece numerosos retos, numerosas decisiones, numerosos caminos. ¿Cómo podemos usar la verdad para ayudarnos día tras día en estas opciones y crisis?

Para llegar a ser Uno con Dios debemos primero ser fieles a nuestro propio plan de crecimiento –el plan que Dios y cada uno de nosotros juntos elaboramos para cada vida–. Luego, podremos enfrentar retos con la verdad interior, que acompaña todas las decisiones, todos los asun-

---

1 La palabra *sun* (*sol*) se pronuncia en inglés exactamente igual a *son* (*hijo*). De ahí proviene la pregunta de la autora.

tos que están relacionados con nuestra vida cotidiana.

Repetidas veces los miembros de la Hermandad hablan sobre convertirse en uno con su propio patrón de crecimiento. Les pedí una explicación concisa de cómo convertirse en uno con ese plan.

Aquí está el plan en tres partes. Toma el verdadero yo o la imagen del yo Divino que concibes. Únete a Dios. Luego, sé Uno con Él.

Como es el caso en todas las explicaciones concisas, siempre hay la necesidad de explicaciones adicionales, y aquí están.

Para llegar a ser la verdadera persona de Dios, tenemos que ponernos en contacto con Su plan magistral que nos ayudará a avanzar en nuestras vidas. Es así como llegamos al entendimiento de cómo usar la energía que emana a la Tierra con solo ordenárselo. Esta orden es la ley que se aplica cuando llegamos a ser Uno con nuestro plan Divino o plan de crecimiento. Para poner en ejecución nuestro plan, debemos ser Uno con ese plan. Para hacer uso de la energía que conducirá el plan a su manifestación, debemos ser las personas verdaderas de Dios que nos despojamos de nuestro ego para que Dios nos llene.

Obviamente, hay lo que podríamos llamar una ley natural que tiene que ver con nuestra habilidad de vivir nuestras vidas conforme a nuestro plan Divino y la energía poderosa que fluye hacia nosotros para que hagamos uso de ella. Le pregunté por qué esta energía brota solamente bajo estas circunstancias especiales.

La razón estriba en que la energía es la verdad del canal abierto fluyendo por este. Solo los que se armonizan con ella, aquellos que se dan cuenta de que están en el sendero correcto, captarán esta energía para utilizarla. Los demás confían en sus propios egos, las promesas que se han hecho a sí mismos. Ellos no buscan fuera de sus egos para encontrar esta energía.

Le pedí ejemplos.

Un ejemplo se puede ver en las artes creativas donde la gente habla de sus iluminaciones o su inspiración. Ellos mismos confiesan haber recibido energía del canal abierto para realizar sus esperanzas y sueños, y así pudieron poner en ejecución su patrón de crecimiento. Ellos beben de esta fuente de una manera tan natural como el agua que corre cuesta abajo en el plano terrenal. Ellos se dirigen al sol de Dios –iluminación, sustancia– para ser colmados.

Le pregunté sobre asuntos materiales de la vida –ganarse la vida, proporcionar nuestra seguridad financiera y la de nuestras familias–.

Como con todas las metas, ustedes tienen que prestarle atención al canal abierto. En otras palabras, la imagen, la meta o línea de conducta que ustedes deseen tiene que ser refinada por Dios. Si lo que han emitido regresa a ustedes, entonces hagan uso de la sustancia. Este proceso tiene lugar rápidamente –como el pensamiento–. Lo hemos explicado paso a paso para que entiendan cómo funciona.

Seis meses después de haber comenzado este proyecto entre la Hermandad y yo, me pidieron que pusiera mi mente en estado neutro y que no tratara de forzar nada en absoluto.

Trata de armonizarte con nuestra tonalidad. Para hacer esto, trata de oír el sonido correcto, la tonalidad que te damos. Trata de poner tu mente en un estado neutro y concéntrate en el sonido. El sonido, el sonido, el sonido.

La razón de este comienzo poco común era la de prepa-

rarme para recibir información que me habría sido difícil creer.

Lo que te vamos a decir ahora suena fantástico para ustedes en la Tierra porque no tienen ninguna manera de comprender las cosas desde nuestra perspectiva en estos asuntos. Trata de creer sin entender para que puedas captar el concepto.

De esta manera entré en la comunicación del día y en un concepto que finalmente he llegado a aceptar, no sin cierta lucha mental y emocional.

El crecimiento que se logra vida tras vida es el indicador del progreso de una persona. El avanzar es crecer. Crecer significa vivir muchas vidas. Para vivir estas vidas, la gente tiene que encarnarse a través del vientre de una mujer. Pero puede que otros se encarnen por medio de otra ruta. Esto se puede hacer por intermedio del cuerpo de otra persona que, por una razón u otra, haya terminado con él.

Cederle su cuerpo a otra alma es el derecho de la persona que lo cede, el derecho de la persona que ya no desea vivir más en el plano terrenal. Esta persona abandona su cuerpo para convertirse en espíritu. Otro espíritu que quiere este cuerpo lo toma para sí y prosigue la experiencia de la vida. El espíritu que penetra el cuerpo tiene un plan nuevo, nueva energía y un gran deseo firme de llevar a cabo el plan. A partir de ese momento, esa vida humana en particular comienza a cambiar para el bien.

Esta (*nueva*) persona mantiene los mismos recuerdos y los buenos lazos con amigos y seres queridos. Por lo tanto, la nueva persona expresa exactamente la personalidad verdadera que tenía antes, pero con ciertos refinamientos.

Los refinamientos en la nueva personalidad son las verdades del alma que se interponen ahí. De esta manera, la persona que tomó posesión del cuerpo puede avanzar con su vida.

Estas personas que reencarnan de esta forma tratan de no molestar a nadie. Ellos se proponen convertir a otros en nuevas criaturas, libres de dogmas, libres de miedos, libres de creencias sobre-impuestas que oscurecen sus propios valores espirituales. Ellos influyen en la vida en la Tierra de mejor manera que el primer poseedor del cuerpo, y este nuevo poseedor tiene más impacto sobre el crecimiento en general.

Esto (*transferencia de almas*) es práctico porque a veces las almas quieren irse –quieren abandonar esta vida–. O se suicidan o se rinden al gran rechazo de la vida. En otras palabras, o se quitan la vida o suprimen su plan de crecimiento. Ninguna de las dos maneras es buena, por supuesto. Es preferible apartarse y cederle su cuerpo a otra alma que lo usará para el bien. Este intercambio es fácil de llevar a cabo. Primero, basta con decidir que se le quiere permitir a otra alma que se encargue de su cuerpo. Luego, se espera nuestra ayuda. Se fijará una hora para el intercambio, y por lo general, hay un sueño que indica la proximidad del intercambio. Después hay un simple barajar de espíritus para hacer perfecto el intercambio. Evidentemente, este intercambio es mucho mejor que acabar con su propia vida o tratar de llevar una vida desdichada, soportando, pero no creciendo. Ceder su cuerpo a otro es como donarle un órgano a un ser humano hermano.

Estas nuevas personalidades o almas son las que avanzan rápidamente hacia la ejecución de su plan. Serán de gran ayuda para otras personas. Esta es una oportunidad para poner sus cuerpos enteros a disposición de una gran causa, en vez de pieza por pieza, después de la muerte, para un uso de menor trascendencia. Piensen en este plan. Luego, en vez de dejar que la gran desesperación los borre del cuadro terrenal, dejen que otro espíritu se encargue de su cuerpo. La personalidad corporal continuará con la vida y prosperará, llegará a ser la noble herramienta que anhela ser. No se preocupen por los hijos ni por otras cosas, pues la nueva alma está tan comprometida como ustedes con todas esas responsabilidades. Pueden renunciar a su cuerpo sin miedo.

Este concepto es el mejor plan que tenemos aquí para poner en juego almas avanzadas que pueden llevar más paz al plano terrenal. Estas personas pueden ser las que aportan nuevos conocimientos y nueva sabiduría para encaminar asuntos terrenales. Ellos serán los que guiarán a la gente en los tiempos difíciles.

Yo había leído el libro de Ruth Montgomery, Strangers Among Us[2] (Extraños entre nosotros), en el que ella hace un resumen de este mismo plan con numerosos ejemplos y detalles. Cuando leí ese libro, ni me imaginaba que recibiría alguna otra vez una descripción similar del proceso en el que un alma cede un cuerpo a una segunda alma.

Pregunté cómo era escogida la segunda personalidad. La explicación que me dio este espíritu avanzado fue que la segunda y la primera persona tienen básicamente el mismo patrón de crecimiento (o sistema de creencia). La misma atracción que nos agrupa en el próximo plano de vida da lugar al reemplazo para la primera alma. Por lo tanto, hay compatibilidad.

---

2 Fawcett Crest Book, publicado por Ballentine Books, 1979.

Ciertamente estuve de acuerdo con la Hermandad en que el ceder el cuerpo a otra alma era preferible al suicidio o a un fracaso del plan de Dios, lo que podría causar aflicción, no solo a la personalidad en juego, sino a los amigos y a la familia. Aunque el concepto es difícil de creer, tengo que aceptarlo, pues soy una de las que entraron en un cuerpo en sus años maduros. Cuando los miembros de la Hermandad me informaron de este intercambio, de esta re-entrada a la vida a través de este cuerpo, en realidad me resistí a creerlo. Aunque sabía que había cambiado en los últimos años, traté valientemente de encontrar razones plausibles para estos cambios.

Ya que una segunda alma entra en el cuerpo y retiene la memoria de ese cuerpo, no estoy consciente de ningún momento específico en el que eso sucedió. Sin embargo, sé que pasé por un período difícil de mi vida. Me sentía sumamente mal de ánimo la mayor parte del tiempo, y la vida no me parecía ser digna de ser vivida. Sufría de depresiones y estaba nostálgica del pasado en vez de encontrar júbilo en el presente. Un día me percaté de que tenía un nuevo optimismo y un vivo interés en mi vida. "Sabía" que el azúcar era malo para mi salud y comencé a reducir mi dosis de ella. Más adelante, descubrí que tenía diabetes e investigué sobre la enfermedad, decidí controlar el azúcar en la sangre solo con la dieta. Desarrollé un súbito interés en tocar un pequeño instrumento musical y me sentía atraída por la flauta dulce, un instrumento de los siglos XIV y XV. Muchas personas me han preguntado cómo sabía de ese instrumento y por qué quería tocarlo. No tengo ninguna respuesta que me satisfaga a mí ni a ninguna otra persona. Yo simplemente "sabía" que la flauta dulce era el instrumento que quería. Y, por supuesto, tengo ahora este nuevo tipo de escritura. Una íntima amiga mía me hizo observar ciertos cambios en mí, y mi esposo se preguntaba en voz alta si yo era la misma persona con quien él se había casado.

Varios Hermanos me explicaron la re-entrada de esta manera.

La verdad es que el ser que ha de ocupar el cuerpo, tu cuerpo en tu caso, no es la persona original que vino el día de tu nacimiento, sino un alma nueva, un nuevo ser que se pregunta si puede realizar su misión aquí de escribir este libro. He aquí la razón por la cual viniste. Esta es la razón por la cual querías estar en la Tierra. La persona con la que estoy hablando ahora es esa persona, esa nueva persona. Esta es la verdad.

Pasmada, dejé que la escritura continuara, casi sin darme cuenta de lo que escribía.

Tú aportas lo mejor de tu espíritu a ese cuerpo con el fin de ampliar su campo de acción para darle una utilidad mejor. Para llevar a cabo tu máximo potencial, entraste a ese cuerpo para tratar de estimular nuevo crecimiento y abrirte a nuestra ayuda. Esto has hecho; esto has sido.

Les pregunté cuándo había tenido lugar este traspaso.

Un día cuando estabas dormitando. Ese día estabas desalentada, triste y deprimida. Luego, te levantaste siendo una nueva persona. Fuiste habitada por una nueva alma —estamos ahora hablando al cuerpo aquí–. Ese día supiste engendrar una nueva esperanza, un nuevo entusiasmo de crecimiento, nueva vida Divina.

Tenía muchas preguntas, por supuesto, tales como: ¿Dónde está la otra alma que habitaba este cuerpo de Jean Foster?

Ese es el pensamiento poderoso que te viene a la mente

de vez en cuando para convertirte en la mejor esposa posible para Carl. Ese espíritu está aquí, observándote, animándote. Esta persona está muy contenta con el asunto. Esta persona te manda saludos en tu vida ahí. Esta persona no tiene ningún sentimiento de celos. Ella sigue siendo ella misma, ¿ves?

Le hice la pregunta terrenal inevitable: "¿Cuál de las dos será la esposa de Carl en el próximo plano?". La Hermandad probablemente sonrió al unísono cuando llegó la respuesta.

Ese no es el gran problema que crees que hay porque aquí no hay amor ni matrimonio en el sentido de amor sexual entre hombre y mujer. Aquí solamente cuenta el verdadero yo.

Un Hermano explicó la diferencia entre la manera en la que amo a mi esposo y la manera en que la primera alma lo amó.

Ella amó hasta el punto de sacrificarse a sí misma, y tú amas hasta el punto de que confías más en tu propio yo Divino que en tu esposo.

Aparentemente me acosté un día desalentada y afligida, y me levanté contenta de estar viva y llena de esperanza. Sé con certeza que había habido un cambio. Sé que soy menos dependiente de mi esposo para ser feliz. Debe estar aliviado de que esto es así. Tengo nuevos intereses y me siento bien la mayor parte del tiempo. Siento una profunda alegría con respecto a mi vida.

Cambios en mi vida fueron ocurriendo gradualmente. Muchas veces sentí que yo —mi mente— estaba entrenando a mi cuerpo a ser más mental y menos emocional. Mi fuente me dijo que los espíritus avanzados se habían puesto en contacto con mi ser para hacer comprender a mi primera alma que ella no tenía que sufrir de la manera en que lo estaba haciendo, así que yo – el cuerpo– me puse a la disposición.

Entonces tú –el alma– entraste. La situación que causaba desesperación se arregló. Trajiste paz a ese cuerpo, a ese matrimonio, al hogar completo.

Después le pregunté sobre las lecturas de la vida que ellos me habían dado anteriormente y me pregunté de quiénes eran.

Las lecturas de la vida a las cuales te refieres son tus propias lecturas. El cuerpo no tiene nada que ver con lecturas de la vida. Esto no es un asunto de índole física, sino espiritual.

El número de preguntas que surgieron en mi mente parecía ilimitado. ¿Aceptaría o podría aceptar yo como verdadera toda esta información sobre la re-entrada? Me enteré de que, ya que mi cerebro ha grabado mi vida terrenal, tengo recuerdos que me parecen reales. Todavía soy la madre cariñosa, la abuela entusiasmada. Aprecio la bondad de mi esposo y me maravillo de su estabilidad poco común y de su buen humor. Lo amo.

Le pregunté si alguien en la Hermandad tenía algo más que decir sobre este tema.

El verdadero crecimiento se logra viviendo muchas vidas. Pero hay más de una manera para entrar en el plan de vida. Una es por medio del nacimiento, la otra es la re-entrada, cuando la primera alma está cansada de la vida, piensa en el suicidio y no alberga esperanzas de resolver problemas. Entonces es hora de ceder el cuerpo a otro que se encargará de los problemas y los resolverá. Esta nueva persona se llevará consigo el pensamiento de este plano y pondrá en práctica el proceso de recibir nuestra ayuda.

CONCIENCIA DIVINA

La segunda entidad asumirá las responsabilidades de la primera, y los problemas desaparecerán. Después la nueva alma llevará a cabo la tarea por la cual él o ella vinieron a la Tierra. El asunto del canal abierto que sirve de instrumento de comunicación está fresco en ese espíritu Divino de la segunda alma, y esa alma avanzará más rápido hacia la verdad. Más adelante vendrá el verdadero propósito y la sustancia pura y apacible que Dios tiene para aquellos que desean manifestar cosas.

No ha sido fácil para mí compartir la parte personal de este concepto porque es difícil soltar el ego personal y el orgullo personal. "¿Qué dirá la gente?", me preguntaba. "¿Pensarán mis amigos que soy extraña?". Y finalmente: "¿Qué pensará mi familia de mí?". Mi maestro/consejero dice que soy una mujer honesta y que tengo la responsabilidad hacia aquellas personas que lean este libro de contarles esta historia personal. Ahora está contada.

El mensajero de la Hermandad resumió el tema de la reentrada.

La verdad de nuestro ser es que venimos a la Tierra para llevar a cabo un propósito en particular. Entonces le entregamos nuestros cuerpos a la muerte o a otra alma que viene a realizar un propósito distinto al de la primera alma. De cualquier manera –ya sea por medio del nacimiento o de la re-entrada–, es mejor tener la oportunidad de intentar repetidas veces. Este crecimiento generado (crecimiento realmente alcanzado) es lo máximo que hay.

Para entender la re-entrada, uno tiene que comenzar por aceptar el amor puro de Dios que nos da numerosas oportunidades para convertirnos en Uno con Él. Para aceptar completamente la verdad de esta re-entrada, piensa en el Dios que unifica la verdad de nuestras almas. Él nos da más de Sí Mismo en cada avance de crecimiento. Él quiere que seamos Uno con Él, aun de la misma manera como Jesús fue y es Uno con Él. Esta unidad es posible, no improbable.

Esta unidad –el potencial máximo expresándose completamente– nos da la pura comprensión que nos hace soltarnos de nuestro ego y nos da la verdad pura, gracias a la cual vivimos. Luego, abrimos nuestros ojos a toda la verdad universal, la gran sinceridad de Dios que nos da libertad de expresión ilimitada. No hay otras palabras con las que podamos describir esta unidad pura con Dios, sino "libertad pura para expresar las cosas maravillosas que están en nuestro interior".

— ❋ —

ESTIMULADORES DE PENSAMIENTOS

1. *Dios nos ayudará a purificar nuestros planes terrenales. Haga una lista de sus esperanzas, sueños y ambiciones, pidiéndole a Dios ayuda para refinar cada uno. ¿Qué nueva iluminación recibe usted intuitivamente con respecto a cada uno?*

2. *Llevar a cabo sus metas con Dios como su Compañero lo conduce a usted hacia la unidad con Dios. ¿Cómo puede esto beneficiarlo a usted?*

Trabajo Interno: *La Hermandad de Dios está dispuesta a ayudarlo a usted y espera su llamada. Juntamente con Dios, trabaje para recibir su propia verdad interior que lo libera de estar revisando la verdad de otros para ver cuál aplica a usted en cada caso.*

Tener plena confianza en las promesas de Dios

9

Veintitrés promesas de Dios. Cuáles son y cómo beneficiarse de ellas.

Los miembros de la Hermandad nos aseguran que las promesas de Dios con respecto a nuestras vidas terrenales y eternas son verdaderas y confiables. Pero como toda promesa, nada pasa, a menos que quienes pongan la mira en la promesa den un paso hacia delante para servirse de ella. Tenemos dos alternativas. Podemos dirigirnos directamente a Dios o podemos pedirle ayuda a la Hermandad, quien nos enseñará el camino para beneficiarnos de las promesas.

Dios es la puerta abierta cuando Lo contactamos directamente. Pero muchos tienen problemas en dirigirse directamente a Dios. **Quieren** ser Uno con Dios, pero Le **tienen miedo** también. Y el miedo los mantiene separados de Aquel que quiere unirse a ellos.

Toma el asunto de abrir más la mente, por ejemplo. El Dios del Universo tiene un mensaje de esperanza en

Su interior, pero muchos que pretenden conocerlo no se acercarán a Él para recibir el mensaje. Ellos se mantienen lejos y dirigen miradas hacia un lado y hacia otro. Hacen trizas de la enseñanza de Dios sobre el ser Uno con Él. Se dicen a sí mismos que Dios los considera indignos y demasiado malos. No confían en su inmortalidad. Creen en el cuerpo. Creen en lo material. Creen que Dios está demasiado lejos de ellos y desinteresado; que Dios es demasiado grande para ayudarlos en sus necesidades. Como consecuencia, se alejan tristes. Por esta razón, Jesús dijo que hay un Consejero, el Espíritu Santo, que los guiará, consolará y liberará de los malentendidos entre ustedes y Dios.

La Hermandad ha hecho una lista de muchas promesas de las cuales nosotros podemos beneficiarnos si abrimos nuestras mentes al potencial que cada uno de nosotros tiene para ser Uno con Dios. Como dicen estos espíritus avanzados, podemos dirigirnos directamente a Dios para que estas promesas se nos cumplan o le podemos pedir ayuda a la Hermandad.

La primera promesa consiste en que el alinearse con la Hermandad de Dios los une a ustedes a la energía bienhechora de Dios. Sí, Dios les dará toda la energía que ustedes puedan utilizar para expresar sus necesidades y deseos, y la Hermandad les proporcionará la ayuda para hacer todo esto realidad. Nosotros damos solo lo que Dios Mismo tiene para cada uno de ustedes.

La segunda promesa consiste en que la alianza entre ustedes y la Hermandad producirá un canal abierto que los conectará con Dios. Esta comunicación con Dios suministrará la inspiración, la ayuda, la esperanza para vivir sus días y sus noches. El trabajo en equipo que haremos les aportará nuevas ideas, nuevos pensamientos, nuevas maneras de conseguir lo que necesiten para llevar a cabo su plan Divino. La fe es necesaria en esta relación, pues los consejeros trabajarán con cada persona que nos la pida y se una a nosotros en la fe de que existimos y estamos dispuestos a ayudarlos.

La tercera promesa que Dios hace es de enseñar a aquellos que deseen aprender que Él es el ser todopoderoso que Él dijo ser. Este Dios todopoderoso, este Dios eterno del universo, les dice que Su poder los capacita para estar en control de su mundo, de sus vidas, de sus seres interiores. Este Dios todopoderoso los lleva a donde ustedes están y les da el poder para que sus vidas avancen a pasos agigantados. Él los inspirará con esquemas de pensamiento que les darán para siempre la verdadera fuerza que supera problemas del mundo terrenal, cualesquiera que sean. Todo esto es posible cuando ustedes se unen a la Hermandad, que solo tiene en su corazón los mejores intereses de cada persona.

La cuarta promesa se refiere a nuestra esperanza por las cosas que harán agradables nuestras vidas. Este Dios del Universo les promete que tendrán todo lo que necesiten. No debe haber hambre, enfermedad, trauma sobre carencia de ninguna clase. Dios promete atender a quienes se unan a la Hermandad para expresar sus necesidades. Cada persona puede pedir la energía que suministrará la sustancia para satisfacer todas las necesidades. Esta sustancia no es una ilusión ni tampoco lo es la energía. Esta es una promesa que funciona.

Los Hermanos indican que pensamientos erróneos producen carencias, así que la manera para beneficiarse de esta promesa es utilizando el pensamiento correctamente. Como respuesta a mis preguntas, me dijeron que debemos estar en armonía con el Dios del Universo si queremos recibir la sustancia que produce la manifestación. Me dijeron también que me armonizaba con Dios yendo a Él con mi espíritu, que se llama el yo Divino.

Sin embargo, el armonizarse con Dios no me parece fácil, así que me dirigí a los consejeros para pedirles ayuda. Aquí está su continuación a la cuarta promesa:

Nunca debe haber hambrunas o aun falta de alimento apropiado si la gente se alía con nosotros para aprender a utilizar la energía de pensamiento ilimitada que Dios tiene para toda la humanidad. No existe la carencia. Existe únicamente la ilusión de la carencia en el plano terrenal. Solo los pensamientos erróneos producen la carencia. La gente malinterpreta los grandes obsequios que Dios nos ofrece, hasta el punto ridículo de culpar a Dios por la carencia. Dios tiene la sustancia para que nos sirvamos de ella. ¿Por qué no utilizarla? ¿Por qué no aplicar la ley, el principio de manifestación?

La quinta promesa se refiere al desarrollo del yo Divino de cada uno de ustedes. La promesa dice que ustedes pueden desarrollar su personalidad de tal manera que refleje la bondad, el poder y la iluminación de un espíritu creativo. Créannos, no hay manera de contar todas nuestras verdades, las cuales ayudarán a cada persona a lograr sus objetivos. Solo hay felicidad y buena energía para aquellos que trabajan con la Hermandad para ser las personas que quieren ser.

La sexta promesa les asegura que ustedes pueden enterarse de sus metas permanentes en su vida –las metas de su alma, no las de su cuerpo–. Puede que nuevas ideas surjan porque ustedes estarán al tanto de dónde han estado en su desarrollo, y ustedes sabrán hacia dónde se dirigen. Estas nuevas ideas que vienen del interior reflejarán estas metas espirituales, y se les asegurará que están en el camino correcto en su patrón de crecimiento.

La séptima promesa les dice que ustedes no fallarán en dar en el blanco en esta vida si se alían con la Hermandad. La promesa abre sus ojos, abre sus corazones, les da lo que es bueno para ustedes. Las personas que se unen a nosotros juzgarán sus propias vidas y estarán satisfechas con lo que han aprendido y con el crecimiento que han alcanzado. Esta es la promesa.

La octava promesa que Dios ha hecho se refiere a que ustedes pueden escoger sus propios padres. Ustedes entran en la vida terrenal desde este lado por medio de la unión de su yo Divino con el cuerpo del niño poco antes de que nazca. El alma escoge los padres y la nueva condición de vida. Debe haber una razón por la cual uno escogió a estas personas y debe haber una razón por la cual uno escogió ese cuerpo en particular. Con el apoyo y la asistencia de la Hermandad, podrán entender por qué su respectiva alma hizo precisamente estas elecciones para esta vida, y ella, la Hermandad, los ayudará a interpretar esta acción.

La novena promesa de Dios concierne al yo interior, al alma de cada uno de ustedes en conjunto con el poder para desarrollar sus talentos especiales. La Hermandad les ayudará a establecer la conexión con Dios, de manera que Él pueda darles la energía que se unirá a sus talentos. Por lo tanto, diríjanse a aquellos que están listos para comenzar con la expresión de sus talentos ocultos.

La décima promesa nos asegura que podemos llegar a ser contribuidores al bien de la Tierra. Hay mucho que podemos hacer en nuestras vidas para hacer de esta Tierra un lugar mejor. Pero muchos simplemente hablan sobre las necesidades. Pocos actúan para mejorar las condiciones. Consecuentemente, esta promesa dice que Dios dispone de los medios que la gente puede utilizar para crear una vida mejor en la Tierra, a fin de que todos prosperen y se beneficien. Esta energía que Dios tiene fluirá sobre estos proyectos si los seres humanos aprenden a dirigir esa energía hacia ellos. La Hermandad será el canal abierto para proporcionarles los medios, para darles esta verdad.

La undécima promesa le impone al yo Divino de cada uno de ustedes que estimule sus propios dones, su verdad y sus pensamientos para convertirlos en las cosas que desean y necesitan —cosas que les proporcionan grandes beneficios en sus vidas—. Esta promesa proviene de Dios y está dirigida a todos los que se asocien con la Hermandad de Dios para que aprendan cómo esta promesa se lleva a cabo. Nadie puede manifestar sus talentos sin la energía que Dios posee, aquella sustancia o aquel producto del cual todo está hecho. El aliarse con estos ayudantes hace que esta energía, esta sustancia, se transforme en la nueva expectativa a la que la mente de la persona se dedicará de ahí en adelante. Esta es la promesa verdadera de Dios.

Aquí pregunté cuál era la diferencia entre la cuarta y la undécima promesa. La cuarta promete todo lo que necesitemos y la undécima promete todo lo que necesitemos, más todo lo que deseemos. Me parecían muy similares.

La cuarta ofrece la promesa de que los seres humanos no estarán necesitados, que tendrán lo que sus cuerpos requieran. La undécima promesa dice que la gente puede manifestar cualquier cosa que quiera. La cuarta promesa es la promesa que más personas aceptarán. La undécima promesa está un paso más adelante, el paso hacia el Dios infinito del Universo que puede hacer todo. Cuando abrazamos este concepto, esta verdad, y la ponemos en ejecución en nuestras vidas, nosotros, con Dios, realizamos el deseo de nuestro corazón.

La duodécima promesa los empuja hacia la verdad de su ser, para que, a la larga, se conviertan en Uno con Dios cuando procedan a incluir a Dios en su verdad. El canal abierto –el buen pensamiento de la Hermandad abriéndose a cada persona– aportará la unión perfecta entre Dios y el individuo. Esta unión les asegura que su yo Divino se expresará en perfecta libertad, superando las leyes naturales, y les facilitará la comprensión de que los pensamientos son cosas. Esta unión les aporta el júbilo más profundo que las almas puedan conocer y representa lo máximo en cuanto a lo que la gente anhela. No hay otra experiencia que pueda compararse con esa unión; no hay ninguna otra condición que tenga la calidad de esta. No hay otra comparación posible. Ser Uno con Dios es ser el epítome de la verdad en expresión.

La decimotercera promesa dice que Dios los amará hasta el límite del concepto que cada uno tenga de Él. Esta promesa apela a ustedes a ampliar su concepto de Dios, a darle al pensamiento que tengan acerca de Dios la gran magnitud que amerita. La promesa significa que este amor maravilloso los envolverá en la medida en que el alma pueda concebir la grandeza de ese amor. El amor de Dios es eterno, pero la habilidad de esa persona de recibirlo puede convertirse en obstáculo. Con la ayuda de la Hermandad, ustedes pueden ampliar su propia comprensión y recibir los beneficios de ese amor en su vida.

La decimocuarta promesa está dirigida especialmente a ciertas personas a quienes Dios quiere hacer conocer el valor del canal abierto. Esta promesa le facilita a los incapacitados el conocimiento especial de que Dios hará su experiencia de vida digna de vivir, digna de soportar, digna de desarrollar. El aliarse con la Hermandad les dará a estas personas especiales la comprensión, el conocimiento interior de lo que ellas lograrán en esta vida en particular. Cuando esas personas se alían con aquellos que los ayudarán, serán recompensadas por este entendimiento y esta iluminación que les llegará a sus mentes.

La decimoquinta promesa les asegura que tendrán la empatía que buscan para darle sentido a sus vidas. Esta empatía es el entendimiento de que Dios está en realidad con ustedes en espíritu, con ustedes en la comprensión de sus pruebas y con ustedes para consolarlos.

La decimosexta promesa dice que Dios da lo mejor de Sí Mismo a cada uno de ustedes; no a uno o a dos aquí o allá. Muchos que invocan a Dios piensan que Él da Su atención a unas pocas personas, pero Su promesa dice que Él está con todos. Para creer, para tener fe en esta promesa, ustedes tienen que asociarse con el Consejero/la Hermandad para recibir a Dios en sus corazones.

La decimoséptima promesa les da la seguridad de que existe un Dios comprensivo a quien confiarle sus dificultades. Los seres humanos piensan a menudo que este Dios a quien ellos honran es demasiado bueno para confiarle sus preocupaciones, pero Él promete que Él los acogerá a todos en Su seno para aliviarlos de sus cargas. El mensaje de Jesucristo dice a todos los que sufren que se dirijan a él, pero en realidad, lo que Jesús quiso decir es que ustedes tienen que entregarle sus problemas a Dios cuyo poder los resolverá y los re-creará haciendo de ellos circunstancias positivas. Descargarse de sus problemas es el primer paso hacia la confianza en Dios. Esta promesa de Dios es la que ustedes necesitan entender para caminar erguidos, no encorvados por la carga de sus preocupaciones.

La decimoctava promesa está dedicada a aquellos que tratan de hacer todo con el sudor de su frente. La promesa que Dios hace es que Él allanará los obstáculos, si la gente Lo deja actuar. La intención de Dios es aliviar las privaciones, las pruebas difíciles, los pensamientos que despojan la mente de toda esperanza. Dios hará feliz a los desesperanzados y también hará pensar a los agobiados que la vida es bella. La Hermandad está dispuesta a ayudar a recoger los frutos de esta promesa para cada uno de ustedes, para que sus vidas sean vidas llenas de belleza y felicidad.

La decimonovena promesa abre la mente a oportunidades, tales como el tipo de escritura en particular que realiza esta escritora. Esta es la promesa de Dios: proporcionarles orientación, esperanza y buenos pensamientos. La Hermandad puede abrir la mente de cualquier persona que se dirija a ella buscando su ayuda. Si desean, pueden practicar el mismo tipo de escritura que esta escritora efectúa. Dios promete estar aquí para cada uno de ustedes de una manera personal. Nosotros, que nos aliamos con Dios, les ayudaremos a encontrar la manera personal más adecuada para cada uno de ustedes.

La vigésima promesa es la que da el mayor consuelo

a todos. Dios promete a cada uno de ustedes el don de la vida eterna. Esta vida no es un premio; es una promesa. Tener la seguridad de la eternidad es creer que Dios manda, que Él dice lo que Él piensa, que lo que Él piensa es la verdad. La eternidad es una certeza y es para siempre. Sus almas viven sin cesar. El juicio no tiene nada que ver con la supervivencia de sus almas. ¡Sus almas sobreviven! Esto es verdad, y la Hermandad les ayudará con esta promesa.

La vigesimoprimera promesa revela el papel de la Hermandad, que es el de enseñar y ayudar. La promesa de Dios es que hay un Consejero que les recuerda las enseñanzas de Jesús y les da aun más. Esta promesa es realizada hoy por medio de nuestra comunicación aquí en este libro. Esta promesa se manifiesta aquí. Pero cada persona puede exigir esta promesa individualmente. No habrá ignorancia, ninguna gran falta de entendimiento para los que nos abran sus mentes a nosotros a fin de que podamos llenarlas.

La vigesimosegunda promesa dice que Dios da a cada uno de ustedes que pueda entenderla los medios para revestir sus cuerpos y posesiones con el espíritu incorruptible que les da su realidad duradera. Así podrán llevarse su cuerpo y sus bienes al próximo plano de existencia. Esta promesa requiere mucho qué entender y la mayoría en el plano terrenal no se da cuenta de su poder. Pero con la ayuda de la Hermandad, esta energía es puesta a la disposición de ustedes.

La vigesimotercera promesa es aquella que el mundo

entero aguarda. Esta promesa comienza donde las otras terminan, pues los lleva al próximo plano para pertenecer al yo Divino que ustedes han creado. La Biblia promete que Dios estará siempre con ustedes, aun hasta el fin de la era. Pero nosotros decimos que Dios estará siempre con ustedes, aun después del fin de la era. Esta promesa de Dios es del tipo 'POR SIEMPRE', del tipo del que ustedes no podrán escapar, aun si quisieran. Dios, el Gran Dador, el Padre, el Innovador, el Creador, El Verdadero Principio de Energía, el Mejor Pensamiento Conocido –este Dios está con ustedes por siempre–. Este Dios es a QUIEN ustedes se dirigen para ser el verdadero yo Divino, que es la persona que cada uno de ustedes quiere ser.

Terminamos el capítulo sobre las promesas. Que Dios exista por siempre es la palabra que quiere decir lo que Él expresa. Que Dios sea por siempre no es ninguna sorpresa para la mayoría. Con el propósito de que Dios y ustedes hagan lo mejor de cada vida, entra la Hermandad a actuar. Nosotros ayudamos a proporcionarles la energía, la verdad, la comprensión, para que ustedes en el plano terrenal vivan bien.

Pregunté si estas veintitrés promesas eran las únicas que existían. Me dijeron que había más[3].

---

3 Nota de la editorial del original de este libro en inglés: Diez promesas adicionales de Dios están incluidas en un libro de Jean Foster, cuyo título es *Divine Partnership*, capítulo 17, publicado por **TeamUp**, 1991.

— ❋ —

ESTIMULADORES DE PENSAMIENTOS

1. *Usted puede dirigirse directamente a Dios o pedirle a la Hermandad que le enseñe cómo beneficiarse de las promesas de Dios. ¿De cuál de estas promesas quisiera beneficiarse ahora?*

2. *Sabiendo que todas las promesas de Dios son confiables y verdaderas, ¿qué le ofrece la promesa decimosexta a usted?*

3. *La sexta promesa le asegura que usted sabrá cuáles son las metas de su alma. ¿Cuál es su comprensión de esta promesa?*

Trabajo Interno: *Con la ayuda de sus consejeros espirituales, examine una de las promesas de las cuales usted quisiera saber más. Pídale a la Hermandad que le dé explicaciones adicionales.*

Volver a encontrar nuestra identidad

10

La historia de las entidades espirituales que se separaron de Dios. La libertad de escoger a Dios o rechazarlo.

Dios es BUENO. Todo lo que Dios crea es BUENO. Adicionalmente, Dios es incapaz de crear otra cosa que no sea buena. Estos conceptos básicos que la Hermandad expone a través de la Conciencia Divina forman la base de toda la comprensión sobre Dios, así como se explica en este libro.

Según estos espíritus avanzados, es el contacto con la Conciencia Divina lo que nos despierta a la verdad que Dios tiene para darnos. Ellos dicen que el tener contacto con esta Conciencia Divina nos permite acceso a mucho que, de otra manera, no podríamos saber de nosotros mismos. "(Aun) esta Hermandad no puede obtener esta verdad, sino por medio de la Conciencia Divina", insisten ellos. En este capítulo, estos maestros explican por qué las entidades espirituales se apartaron de la Conciencia Divina y se encarnaron en cuerpos terrenales para buscar su verdad.

Dios, Dios maravilloso, pensó en hacer del universo un lugar verdaderamente bueno. Espíritus esclarecidos se movían libremente en la inmensidad de las galaxias. Estos espíritus poseían el poder verdadero, el poder que les daba el dominio de sí mismos. Pero muchos no reconocieron este poder sobre sí mismos como el epítome de la verdad.

Ellos pensaron que la energía les era negada, de manera que decidieron otorgarse supremacía adicional experimentando con las bestias que ellos habían creado en esta Tierra. Así pues, entraron en estas bestias complaciéndose en el apareamiento, en el comer, y albergando la escandalosa idea de que ellos eran realmente los dueños de todo. Como resultado, se quedaron atrapados en estas criaturas. La nada en la que se transformaron fue absoluta. Se sumergieron en la forma animal y perdieron su habilidad de usar la energía del universo. Quedaron encerrados en estos cuerpos y no pudieron separarse de ellos.

¿Qué los retenía de la separación?, me pregunté. ¿Los estaba castigando Dios porque habían sido desleales?

La verdad sobre el asunto es que Dios fue el que con su bondad trató de liberar estos espíritus pero ellos se enfadaron y se entregaron completamente a la verdad corporal. Ellos querían que Dios les diera energía en abundancia, olvidando que toda energía entra en un espíritu cuando ese espíritu se propone captarla. **La mente es la clave, no la generosidad de Dios.**

¡Hubo un gran clamor de indignación! ¡Qué confusión tan terrible hubo en la Tierra! Los animales se destruyeron a sí mismos para convertirse nuevamente en entidades espirituales libres. Cuando se liberaron, pensaron que toda esa experiencia no había sido tan mala después de todo. Se rieron y se unieron a otras entidades espirituales que pensaban como ellas. Re-entraron en la vida terrenal de la misma manera repugnante. Se despojaron de su divinidad para convertirse en animales. En ese momento, se aliaron para convertirse en los primeros con conciencia terrenal.

Ellos reflejaron su propia verdad en esta conciencia terrenal colectiva. Creyeron que el Dios del cual ellos formaban parte no era el Dios verdadero. Se entregaron cada vez más a la energía engendrada por ellos mismos y a la conciencia creada por ellos mismos. De esta manera, las entidades espirituales se quedaron encerradas en forma animal y su único instante de libertad les llegó a su muerte. Así vivieron, perdiendo cada vez más su energía Divina hasta el punto de no tomar más en cuenta al Dios del Universo.

Los gritos desde la Tierra fueron muchos. La indignación que sentían con respecto a su situación funesta era terrible. Se sentían impulsados a pensar que ellos no eran responsables de lo que les había pasado. El Dios que ellos habían inventado, el "Dios de su imaginación", no les enseñaba nada. El "Dios de su imaginación" no tocaba sus vidas. El Dios de su propia creación no les aportaba ningún consuelo, ningún pensamiento para alentarlos. Ellos creían que estaban abandonados y se entregaron a la desesperanza.

Debido a que ellos se entregaron a la desesperanza, ya ni siquiera su muerte los liberaba. Pensaban que estaban atrapados, sin importar en qué lugar estuvieran. En este próximo plano de la vida, su concepto equivocado perduró. Se agruparon de acuerdo a los patrones de crecimiento que ellos habían desarrollado y se llenaron de más creencias falsas.

Por esta razón, cuando regresaban a la Tierra, ellos iban sin plan, sin esperanza. Regresaban simplemente por regresar porque no había otra cosa qué hacer. Estas personas revestidas de animales fueron las más desdichadas de las formas-pensamientos en la Tierra. Se conformaban con la idea de que no había otra manera. Como consecuencia, no consiguieron otra forma. Sus pensamientos sobre este segundo plano de vida materializaban cualquier cosa en la que creyeran. Por lo tanto, no se podían enterar en absoluto de la verdadera situación lamentable en la que se encontraban.

Sin embargo, el Dios del Universo hizo algo por sus vidas. Este Dios cuyo principio fundamental es la bondad instó a las otras entidades espirituales a dirigirse a aquellos en la Tierra para liberarlos de su lamentable situación. Luego, vino la creación del hombre, la criatura maravillosa provista de un cerebro que podía beneficiarse de la Conciencia Divina que está disponible para todos. Esta criatura era bella, más allá de toda comparación. Las entidades espirituales tomaron estas formas con gran deleite. Trabajaron para perfeccionarlas, a fin de convertirlas en formas-pensamientos dignas en expresión. Estos fieles espíritus pusieron orden en la Tierra. Acorralaron a las bestias que estaban habitadas por entidades espirituales, aquellas que se habían encarnado de manera degradada. Los fieles espíritus hablaron con ellos y les dijeron quiénes eran en realidad. Las bestias escucharon, entristecidas por la verdad, pero, no obstante, recibieron esperanzas de vivir tiempos mejores.

Estos espíritus comenzaron a pensar de manera diferente. Empezaron a comprender la verdad de que ellos eran realmente renuevos del maravilloso Dios del Universo. Trataron de mejorar su condición. Ellos –hombre y bestia– se interesaron por los problemas de la creación. Tomaron las verdades que conocían, las establecieron en la Tierra y comenzaron a separar el hombre de la bestia. Los yo Divinos que habían habitado las bestias comenzaron a marcharse –algunos por medio de la muerte, otros usando el principio de la verdad–.

En este punto del relato, yo fervientemente esperé que la humanidad hubiese comenzado un capítulo positivo. Sin embargo, aquellos espíritus que originalmente habían habitado cuerpos animales y después se habían quedado atrapados en ellos, no aprendieron mucho. Como los miembros de la Hermandad dijeron, su crecimiento espiritual no evolucionó. Aquellos espíritus re-entraron a la vida nuevamente –esta vez como mujeres y hombres–.

Cuando regresaron, ellos juguetearon aun más, no habiendo aprendido mucho, parece. Ellos aun se aparearon con las bestias y comenzaron un terrible cambio de eventos –la mezcla de la forma humana con la animal, lo que trajo consigo más enmarañamiento–. Ahora bien, aquellos espíritus que encarnaron en los descendientes sufrieron desmesuradamente. Los hombres y las mujeres los subyugaron, hicieron esclavos de ellos y les impidieron que se reprodujesen. Tuvieron que transformar algunas de estas criaturas en hombres y mujeres, quitándoles la cola o el colmillo de animal o la pezuña, cualquier parte que hiciera del ser humano un ser inferior a él. Pero finalmente se estableció el principio que rige que ninguna persona podría unirse con un animal. Entonces esta especie de medio-humano y medio-animal se extinguió.

Fue en aquel momento que la humanidad reconoció que el hombre y la mujer eran la verdad de Dios implantada dentro de bellos cuerpos. Ese reconocimiento dio inicio al período de veneración, pero no al fin de la división –la división entre los seres humanos y Dios–.

La verdad de toda esta historia es que las entidades espirituales que habían estado en perfecta unión con Dios optaron por abandonar la dicha para primero convertirse en criaturas y luego, en las mujeres y hombres de la Tierra. Estas entidades espirituales fueron las que les enseñaron a los demás espíritus que tanto la Tierra como su abundancia les pertenecían a ellos. "La Tierra –dijeron– es nuestra, no de Dios. Esta Tierra nos da nuestra verdad, nuestra esplendidez, nuestro sustento. Esta Tierra nos pertenece y nos aporta abundancia". Ellos nombraron líderes, quienes formaron tribus. Estas tribus se dispersaron por el mundo. Esta vez la verdad errada, según la cual la Tierra les daba todo, los abrió hacia la conciencia colectiva terrenal y los alejó de la luz que hubiese venido por intervención de la Conciencia Divina.

Según la Hermandad, es a partir de este momento en la evolución del hombre que la historia escrita comienza. Sin embargo, la historia del progreso de la humanidad para regresar a la verdad, a la unidad con Dios, es grabada para el lector por la Hermandad a través de la Conciencia Divina.

El concepto mejorado de "Dios el Pensamiento" finalmente condujo a las tribus a dirigirse hacia la luz. Este

"Dios el Pensamiento" les dio esperanza de una verdad eterna para ayudarles a aliarse con lo que es bueno, lo que es productivo, lo que es cierto. Las tribus comenzaron a desarrollar conceptos de Dios, que se convirtieron en varias religiones que se encuentran por todas partes en la Tierra. Tomaron algo de luz, tomaron algunas de sus tradiciones y se inspiraron en ciertas creencias de sus líderes iluminados. Formaron su religión –un sistema de creencia que abarcaba lo que ellos sentían y lo que pensaban–.

Su religión los llevó a expresar gentil o severamente –dependiendo de la tradición que tenían– el Dios que ellos conocían. Cada tribu quería que su propia religión fuera dominante. Su verdad estaba basada en la fuerza física –aquel que podía vencer a los demás se convertía en el más poderoso–. La verdad poderosa era demostrada por la tribu poderosa.

Las mujeres no eran bien recibidas en estas tribus porque no eran guerreras magníficas. Por lo tanto, el entrar a la vida como mujer constituía la posición menos deseable posible. Los hombres y los niños varones eran los que recibían la atención cariñosa. La fuerza física era tan importante que la vejez y la pérdida de fuerza significaban que era hora para la muerte, fuera por medios naturales o matando a la gente anciana y a los débiles. Estas costumbres y otras le aportaron orden a la gente, pero no les enseñó nada que los acercara a la unidad con Dios.

Entonces el Dios del Universo envió espíritus iluminados a vivir entre ellos. Los miembros de las tribus o tenían que negar lo que veían demostrado ante sí o tenían que aceptar la verdad, que era obvia para todos. De esta manera, las tribus lentamente avanzaron hacia la verdad.

Cuando la verdad comenzó a manifestarse, la verdadera prosperidad comenzó –prosperidad en crecimiento espiritual, prosperidad en la calidad de vida, prosperidad en cuanto a creatividad–. Estos cambios tuvieron lugar para que la prosperidad pudiera demostrar la Conciencia Divina en acción. Esta Conciencia Divina que los seres humanos comenzaron a utilizar los condujo hacia la verdad que les traería un día la unidad con Dios.

La verdad que la gente comenzó a aprender les informaba que había un canal abierto gracias al cual ellos podrían llegar a conocer una conciencia mayor, esta Conciencia Divina. La alianza con la Hermandad los condujo hacia el canal abierto a través del cual ellos se podían unir con la Conciencia Divina. Fue así como la gente abrió su mente a la verdad que Dios tenía para ellos. Ahora bien, la conciencia terrenal comenzó a disminuir en importancia y la gente de la Tierra comenzó a dirigirse a la Conciencia Divina, para encontrar sabiduría, su verdad, sus bellos pensamientos.

El yo Divino que había sido distorsionado tan terriblemente despertó a las posibilidades que se le abrían. Toda la Tierra despertó a la belleza. Las entidades espirituales que habitaban los cuerpos ampliaron sus conceptos de sí mismos, del Dios que ellos veneraban, y de su verdad. La Conciencia Divina los condujo hacia el deseo ardiente de la bondad en la vida, en la belleza y en la música. Al final, se volvieron hacia la luz. La verdad de sus seres se alió con la Hermandad para invadir la Tierra entera.

Pero no todo transcurrió tan suavemente como suena. Las luchas de poder continuaron al mismo tiempo que déspotas procuraban asegurarse posiciones de poderío.

Algunos se dirigieron hacia el aspecto oscuro de la vida, al mismo tiempo que seguían al "Dios de su imaginación" (es decir, por supuesto, un concepto errado de lo que es Dios). No obstante, la vida en general progresó. La Conciencia Divina floreció una vez que encontró la luz, y nada pudo otra vez colocarla en la oscuridad total.

En esta nota de esperanza, los que expresaron estas palabras dirigieron su atención al tiempo actual, a la vida terrenal y a la necesidad, siempre insistente, de la gente de resolver sus problemas.

La gente tiene que comprender el pasado para entender el presente. La gente debe conocer el origen de los problemas de las entidades espirituales, a fin de entender la manera de liberarse de ellos. Este tiempo actual de la existencia es el tiempo para la ELECCIÓN, el tiempo para dirigirse a la luz o dirigirse a la oscuridad. Para convertirse en Uno con Dios, hay solo una opción –la luz–. No existe la poca oscuridad. Solamente existe la ELECCIÓN entre la luz y la oscuridad, entre la pureza de Dios y una existencia atribulada.

Una ELECCIÓN existe porque el Dios del Universo abre nuestros ojos a la verdad para que veamos más claramente que antes. La verdad nos aporta el espectro completo de la luz que arrasa con las malas intenciones que producen una existencia turbada. La verdad es evidente para muchos –que la ELECCIÓN hoy en día es de nosotros de emplear bien o mal este plan de vida terrenal–. La vida terrenal puede unificarse con Dios –lo que da lugar a una especie de paraíso en forma material o puede llegar a ser un caldero hirviente de odio que solidifica la atmósfera y asfixia la vida extinguiéndola–.

La verdad comienza en la verdad de que Dios ES. La verdad encuentra sus raíces en las creencias del hombre y la mujer. La verdad encuentra crecimiento en el uso de la energía poderosa que Dios nos da a petición de nosotros mismos. La verdad se sustenta de su utilización por cada vez más yo Divinos que habiten cuerpos humanos. Esta fabulosa verdad se extiende por la inmensidad de la eternidad, convirtiendo el planeta Tierra en la verdad en expresión, en el magnífico lugar que Dios concibió al principio.

Le pregunté por qué no todo el mundo reconoce la divinidad en su interior, por qué tantas personas viven vidas sin esperanza alguna.

Aun hoy en día, de ahí de la Tierra provienen clamores de entidades espirituales que están atrapadas en un cuerpo de hombre o de mujer. Estas entidades claman su voluntad de ser libres, de encontrar la paz de Dios, de expresar su verdad. Pero, como se dirigen hacia la conciencia colectiva humana en vez de a la Conciencia Divina, actúan de manera errónea. Ellas se expresan solamente en el mundo físico y se les olvida la verdad completa del espíritu que está enraizado en la inmensidad de Dios. Se arrastran, cuando podrían volar. Pasan hambre, cuando podrían festejar. Se convierten en salvajes, cuando podrían llegar a ser genios creativos.

La grandeza de este Dios de nuestro concepto no puede ser descrita aquí. Esta o aquella palabra no contiene todas las posibilidades. El Dios de la grandeza del Universo no se deja describir fácilmente. Dios no pone Su entidad en un objeto ni en una persona. Dios posee el conjunto de la maravillosa fuerza, bondad y pureza, es decir, la única energía positiva que se genera a sí misma con solo ponerse en contacto con la Conciencia Divina.

Pero ¿cómo —me preguntaba en voz alta— pueden los seres humanos mantener alejada la multitud de pensamientos negativos que se vierten en ellos provenientes de la conciencia humana colectiva? ¿Cómo podemos resistir aquello que los hombres y las mujeres han aceptado como verdad desde el principio de la historia escrita —y antes–? ¿Cómo, exactamente, podemos tener acceso a esta Conciencia Divina que tiene las respuestas a todas nuestras preguntas y que posee la sustancia para satisfacer todas nuestras necesidades?

Para convertirse en Uno con Dios, ustedes deben vaciar su ego completamente. Este ego vacío se aferrará a la verdad de que Dios da la única verdad digna de poseer y la única verdad que ustedes anhelan conocer. La conciencia humana colectiva no los afectará más que una luciérnaga que se enciende solamente para ser ahuyentada. Deben comprender esta verdad con respecto a su ego, pues únicamente cada uno de ustedes puede vaciarlo. Cada individuo vacía su ego por su propia voluntad, no por medio de fuerza externa. Esta nunca puede vaciar un ego. Siempre existe el libre albedrío.

Existen muchos que creen que Dios debería intervenir e imponerse en contra del libre albedrío de las entidades espirituales que habitan los cuerpos. No obstante, este principio según el cual la gente tiene libre albedrío no puede ser y no será sobrepasado. La razón de la existencia de este principio es que no hay fuerza positiva, no hay bondad, a menos que esta bondad provenga de la buena voluntad, la buena voluntad que determina la decisión de hacer algo. Cuando una persona tiene el buen deseo de que Dios se exprese en su vida, entonces ocurre una gran explosión de energía que surge desde el interior de ese espíritu. La explosión es la energía de Dios en plena expresión. El bien que llega explota al hacerse manifiesto. La fuerza extraordinaria de la que hablamos es la consecuencia natural de la expresión adecuada que sobreviene gracias al libre albedrío de los individuos.

Dios está ahí, pero todos tienen la OPCIÓN de aceptar Su gran poder o rechazarlo. Nosotros en esta Hermandad hemos hecho la elección por este Dios del Universo, este Dios de la Verdad. Esta ELECCIÓN debe ser hecha por cada individuo, no por el Dios del Universo. Cada individuo posee el libre albedrío para crear su propio ser, su propio mundo en el que vive. Esta verdad persiste, y el canal abierto que nosotros proporcionamos les aporta a ustedes la verdad de Dios, que ustedes pueden utilizar o no. Este es nuestro buen mensaje. Tomen la verdad de Dios para que puedan prosperar, para que puedan llevar una vida fácil, para que su buena voluntad se manifieste, a fin de que esta verdad les pruebe a ustedes que Dios los ama y será su compañero por siempre.

— ❋ —

ESTIMULADORES DE PENSAMIENTOS

1. *La conciencia terrenal es nuestra conciencia humana colectiva, desarrollada a partir de nuestra historia en la Tierra. Ha llegado la hora de elegir, nos dicen. ¿Qué entiende usted por "ELECCIÓN" con respecto a su vida?*

2. *Nuestra Conciencia Divina comienza cuando reconocemos nuestra divinidad interior y aceptamos la verdad de lo que Dios ES. Tenemos la opción entre la conciencia terrenal y la Conciencia Divina. ¿Cómo puede la OPCIÓN por la Conciencia Divina conducirnos hacia la unidad con Dios?*

3. *La única sustancia positiva que cubre nuestras necesidades es generada por la Conciencia Divina. Podemos convertirnos en Uno con la Conciencia Divina vaciando nuestro ego. ¿Qué implica el vaciar el ego? ¿Quién debe vaciar el ego?*

Trabajo Interno: *Lo que ES Dios no asume la responsabilidad por nuestras vidas. Somos libres de escoger. Por lo tanto, cuando pedimos nuestra conexión con la Conciencia Divina, pedimos poder. Note la diferencia entre pedir poder de Dios y esperar a que Dios dirija su vida. Invite a la Hermandad a que lo/la asesore. Utilice la energía de Dios para lograr grandeza en su vida.*

Clamores en medio de la soledad

11

La Hermandad explica la diferencia entre la "conciencia terrenal" y la "Conciencia Divina". La Hermandad presenta una imagen de gente que quiere lo mejor en sus vidas, pero que acepta lo peor porque escucha a la conciencia equivocada.

La mente terrenal abarca el pensamiento humano desde el principio de los tiempos hasta el presente. La Conciencia Divina se alía con el Dios del Universo para poner a cada persona en contacto con la verdad que es eterna. Es ahí donde radica la diferencia entre la conciencia terrenal y la Conciencia Divina. No es que queramos decir que la conciencia terrenal sea totalmente mala, ya que contiene un conjunto de verdades, las cuales ustedes denominan sentido común. Y es este sentido común el que les ayuda a vivir exitosamente en el nivel práctico de la vida.

Los miembros de la Hermandad advierten, sin embargo,

que la conciencia terrenal también contiene un conglomerado de seudo-verdades que causa la mayor parte de las dificultades de la humanidad. Ellos explican que esta conciencia contiene pensamientos poderosos sobre los cuales la gente reflexiona, escribe, y a los que les presta atención. Los Hermanos indican que, desafortunadamente, gran parte de ese pensamiento está relacionado con negatividad. Consecuentemente, la conciencia terrenal produce miedo, avaricia, odio y desconfianza.

Ya que la conciencia terrenal vierte su contenido sobre nosotros continuamente, me pregunté cómo cualquier persona puede escapar de pensamientos que crean sufrimiento. Como respuesta a mi inquietud, un Hermano me dio este consejo:

Anúnciale a tu conciencia individual que estás bajo la protección y orientación del Dios del Universo.

Según estos espíritus avanzados, los pensamientos de conciencia terrenal serán eliminados de esa manera, y solo ideas de sentido común que sean de verdadera ayuda serán retenidas.

Después de que mi comunicador comenzó una mañana diciendo "Esta es la Hermandad de Dios", siguió el anuncio de que ahora la información comenzaría a tratar de nuestro mundo, el cual clama por el Dios de nuestras esperanzas, no por el Dios de los pensamientos negativos.

La gente quiere conocer a ese Dios del Universo, al Dios que se alía con ellos y entra en sus vidas. Para llegar al punto en el que los seres humanos se unan con Dios, debe haber esa esperanza pretenciosa de que Dios es lo que Él dice ser –el equipo puro y benigno que trabaja a favor de ustedes–. Por eso, confíen en la verdad que entra en sus seres y les enseña de manera individual, **no la verdad que la gente les da**.

Los seres humanos que enseñan la mentira de que Dios trae hambrunas o que Dios descarga Su venganza sobre la gente corroe el poder que está a su disposición, el poder Divino que tonifica sus cuerpos para hacerlos saludables y provee sus campos con cosechas. Aquellos que nutren con sus pensamientos y palabras el concepto erróneo de Dios se unen para causar desolación. Los pensamientos, ya sean positivos o negativos, se convierten en cosas; este es un principio Divino. Las hambrunas, guerras y los conflictos se manifiestan, por lo tanto, cuando se convierten en pensamientos poderosos que se alían con la sustancia del universo.

Según la Hermandad, es por medio del uso del pensamiento que la gente crea el tono de su vida en particular. Así, pues, es completamente posible invertir la verdad, y de esa manera, suprimir el poder de Dios. Un pensamiento poderoso de destrucción puede entrar a la conciencia terrenal, donde marcha hacia su manifestación y así mantiene el mundo agitado.

Esta es la razón por la cual Dios, quien tiene este poder a Su disposición, no puede actuar. La única manera de lograr que el poder de Dios se manifieste es por medio de gente que cree en este poder y acepte que el mismo cumpla con su función. Con respecto a los que piensan diferente, no perciben otra cosa que la desesperación más profunda. Son estos los que fabrican los resultados de desesperación, y la desesperación se convierte en realidad.

La verdad de Dios se da aquí y allá para tratar de hacer huecos en pensamientos pesados, ya solidificados como concreto. La verdad destruiría este concreto hecho por el hombre en horas si suficientes personas aceptaran la verdad en sus mentes y en sus corazones. Dicho simplemente, la verdad significa que Dios ha proporcionado la maravillosa sustancia que crea todas las cosas. La gente tiene poder para beneficiarse de esta sustancia, pero no lo utiliza. La gente obtiene el conocimiento sobre la sustancia del universo, pero no ve la conexión entre la manera en que está hecha toda la materia, y el poder que los seres humanos poseen para crear esta materia. Los que creen en esto desean que más gente utilice este poder porque no existe un límite; no hay una cierta cantidad de sustancia poderosa asignada a cada persona. Sírvanse de esta sustancia y sírvanse de ella nuevamente, y sírvanse de la misma aun otra vez más. No hay límite para lo que puedan tener.

*Me siento impulsada a contrastar este suministro ilimitado de la sustancia de Dios con el concepto de la conciencia terrenal según el cual la cantidad de dinero o recursos disponibles es limitada, justificando así el hecho de que tanta gente deba vivir en la pobreza. Así, pues, cuando aceptamos solo la verdad de la conciencia terrenal, no podemos pensar en **abundancia**. Pensamos en **carencia**. Pero cuando aceptamos la verdad de la Conciencia Divina, pensamos que existen reservas ilimitadas, que existe una proliferación de sustancia que utilizamos creativamente.*

Según la Hermandad, la gente recurre a la conciencia terrenal para encontrar sabiduría e ignorancia colectivas. Aparentemente, muchos de nosotros no conocemos la diferencia entre la sabiduría y la ignorancia. Sin embargo, ellos, los Hermanos, nos dan un método para que aprendamos a ser selectivos en cuanto a lo que aceptemos como verdad en nuestra vida cotidiana.

139

El pensamiento que se nutre de la conciencia humana o terrenal se instaura en la nada de la persona que proporciona un lugar vacío para ese pensamiento. El vacío constituye el problema, ¿ves? El vacío aspira los pensamientos que esta conciencia terrenal recoge, y no proporciona ningún método para clasificar estos pensamientos. El vacío simplemente necesita ser llenado de algo –cualquier cosa–. Si la verdad de Dios estuviera establecida ahí, los pensamientos que provienen de esta conciencia colectiva serían analizados y clasificados. Entonces los que tendrían valor permanecerían ahí y los demás desvanecerían.

Los pensamientos que se filtran hasta el cerebro humano tratan de arraigarse ahí diariamente. Hay una sola manera de convertir este procedimiento en la aventura creativa que puede ser, y esa consiste en someter los pensamientos a la prueba crítica de Dios. La prueba es simple. Dile a la conciencia individual que el alma está sometida a la verdad de Dios. La mente responderá a esta orden. Luego, cada quien debe dirigirse al Dios que él o ella conoce, sin importar cuán bien Lo conozca.

El Dios que una persona reconoce pondrá a prueba estos pensamientos, aceptará aquellos que pasen el examen de la verdad y pondrá otros a purificar. De esta manera, el individuo está protegido contra los estragos causados por pensamientos erróneos. Además, la persona contribuye así también a la enseñanza contenida en la conciencia terrenal colectiva. Así es como esto funciona. La energía de Dios transforma pensamientos erróneos en verdad, y la persona, a su vez, da a conocer esta nueva verdad a la conciencia terrenal colectiva.

La energía Divina encaminará los pensamientos erróneos hacia la LUZ. Luego, la conciencia terrenal colectiva mejora y crece en la verdad que aporta a la Tierra mucha esperanza. Cada persona puede contribuir a la verdad y al crecimiento del conocimiento sobre Dios. Aun personas que por alguna razón sienten que pueden hacer poco más que pensar, a lo mejor porque sus cuerpos no funcionan adecuadamente, pueden contribuir a la conciencia terrenal colectiva que aportará la buena verdad a la gente.

Uno de los Hermanos habló nuevamente sobre esa parte de la conciencia colectiva llamada sentido común.

Es la conciencia que todos tienen en común porque se ha formado a través de muchos años para darle a la humanidad el pensamiento intuitivo que puede proporcionar protección, ayuda física, y afecta vidas con el bien terrenal práctico.

Y nuevamente, el Hermano me explicó que, aunque la conciencia terrenal tiene una buena porción de sentido común, también tiene una abundancia de "verdades falsas, esa supuesta verdad que pasa por la verdad". Aparentemente, la conciencia terrenal reporta cualquier cosa que la gente haya llegado a creer.

El mensaje de la conciencia terrenal frecuentemente está desprovisto de toda esperanza. La desesperación a veces tiene que ver con la enseñanza según la cual los hombres y las mujeres inevitablemente se destruirán a sí mismos. Esta verdad no proviene de la Conciencia Divina. Procede de la conciencia terrenal colectiva. Esta supuesta verdad enseña que los seres humanos van rumbo a su propia destrucción porque desean ser destruidos. Creen que no tienen otra alternativa. Ellos se creen la mentira según la cual no trabajaremos por la causa de la paz. Para corregir una verdad tal, proveniente de la conciencia terrenal, debe haber enseñanza interior sobre la diferencia entre la Conciencia Divina y la conciencia terrenal.

El Dios del cual hablan los seres humanos a menudo es solo el Dios que conciben en su propia imaginación. Ven odio, ven castigo, ven desconfianza. Para ellos es, pues, lógico creer que este Dios inventado por sí mismos destruirá a personas como ellos. Esta clase de mentira se introduce en la conciencia terrenal donde reside y crece, ya que la gente le otorga poder a aquello que está en sus corazones.

Por lo tanto, la conciencia terrenal, que contiene elementos de la verdad y de la mentira a la vez, afecta a todos de la misma manera. La mentira trae consigo desesperación a muchos porque influye en los individuos con su mensaje turbulento de desesperanza. Los pensamientos llenos de errores que la conciencia terrenal acumula le causan a la gente mucha preocupación, pues producen temores, conducen a la gente a creer que el universo entero está en conmoción y presentan la idea de que su planeta está condenado.

La conciencia terrenal rechaza la Conciencia Divina y enseña que la Conciencia Divina no existe. La Hermandad pondera sobre los terribles problemas que tiene la gente y se pregunta por qué la conciencia terrenal, que profesa la verdad y la mentira indiscriminadamente, ejerce tanto poder sobre la gente.

Cooperar con la gente a favor de la verdad Divina representa esa LUZ que es la verdad de Dios en plena manifestación. Esta verdad dice que existe una perspectiva más amplia, un toque de Conciencia Divina que es superior tanto a la verdad como a la mentira vertida por la conciencia terrenal. Es la LUZ haciéndose sentir. Es la enseñanza de Dios manifestándose por medio de seres humanos la que prueba que ellos no pueden dirigirse a otra dirección, sino hacia la Conciencia Divina.

Uno de los Hermanos entonces se dirigió al lector directamente.

Introduce esta idea en tu mente ahora. Lleva este pensamiento al vacío que pide ser colmado. La verdad según la cual Dios colmará a cada persona que tenga necesidades es **auténtica**. No existe ninguna necesidad conocida por el hombre que la Conciencia Divina no pueda satisfacer. Esta verdad debe ser aceptada para que su manifestación pueda efectuarse. Esta verdad –que enseña que el poder de Dios trata de abrirse paso, a fin de que cada persona pueda manifestar la cosa o condición que satisfará la necesidad– tiene prioridad sobre todas las demás.

La idea de que los hombres y las mujeres deban entregarse al sufrimiento, a la angustia, a la soledad, es falsa. Sírvete de este poder. Confía en la verdad de la Conciencia Divina según la cual este poder existe. Utilízalo para satisfacer tu necesidad. Hazlo ahora. **Nadie debe aceptar la idea de que existen situaciones que ni siquiera Dios pueda satisfacer.**

Nuevamente, el mensaje se dirige directamente al lector.

La idea falsa de un Dios limitado proviene de la conciencia terrenal, no de la Conciencia Divina. Tómate esta verdad a pecho. Acepta el contacto que el amor de Dios te da. Recibe el bien que este poder te da. No te preguntes si te lo mereces o si Dios te considera digno de recibirlo. Concéntrate solamente en el poder. Imagínatelo trabajando para satisfacer la necesidad o condición que conduce el espíritu hacia la verdad.

Esta idea del poder es tan importante que pensamos que necesitamos demostrarla de cierta manera tentadora. Aquí tienes la promesa. Haz entrar la verdad en tu mente, en tu corazón. Luego, únete a nosotros para expresar tu necesidad o deseo. Preséntale esta necesidad o este deseo al Dios que conoces mejor. Luego, coloca esa necesidad o ese deseo en el templo interior[4] de tu alma donde Dios la/lo refinará y embellecerá de tal manera que será todavía mejor de lo que originalmente deseabas. Luego, deja que el resto se haga solo. Presenta la cosa que recibas al mundo como algo que Dios te da. Di a otros cómo se hace esto. Toma la oportunidad. Pon la verdad a trabajar a tu favor. Este gran Dios del Universo quiere darte buenos regalos. **¡Tómalos!**

Le pedí ejemplos extraídos de la vida terrenal con los que la gente se pueda identificar. Cuando la gente ora para estar en comunión con Dios y se dirige hacia la Conciencia Divina únicamente para obtener su verdad, ¿qué puede pasar?

Hay algunos seres en el plano terrenal que rezan para que su situación cambie. Cuando cambia, ellos no perciben este cambio como algo beneficioso. Ellos dicen, "Por favor, Dios, toma mi vida y hazla evolucionar de acuerdo a la verdad que me das. Hazte cargo de mi vida, Dios. Toma mi energía, mi talento, mis pensamientos". Entonces la vida cambia. Cuando ponen sus vidas en las manos de Dios de esta manera, ellos sinceramente desean que un cambio se produzca. Pero ellos, realmente, no quieren los nuevos intereses o el nuevo lugar o los nuevos pensamientos. Ellos ansían lo que fue, rechazando el nuevo benefi-

---

4   Vea el glosario.

cio. Ellos se alían con Dios para hacer cosas maravillosas de sus vidas, pero después se devuelven porque le temen a la nueva situación.

Un Hermano me tomó como ejemplo.

Esta autora quiere ser una que consagra su vida a Dios, a Su obra. Luego, una vez hecha esta oferta, ella a menudo se pregunta si esta vida va a alejarla demasiado de su pasado. ¿Tenemos razón al decir esto?

Desafortunadamente, ellos tenían razón. Le pregunté si yo hiciera mejor uso del poder Divino si fuera más resuelta con respecto a esta oportunidad que se me ha dado.

Este poder está destinado para todos, independientemente de su estado de mente. Sin embargo, se recibe mayor respuesta cuando el individuo habla con autoridad que cuando suplica o habla de manera indecisa. No hay nadie que se dirija a este poder a quien se le niegue este. Pero, para aquellos que le dan a su verdad la oportunidad de colmar sus corazones, existe la fuerza explosiva que produce la respuesta inmediata. Esta es la verdad.

Siempre habrá quienes hablen de la magnificencia y de la bondad de Dios, pero, en el fondo de su ser, piensan totalmente lo contrario. Después sus palabras solo se tornan vacías y no extraen ningún poder del universo. Se derrumban sin llegar a manifestarse. Esas personas siguen el camino hacia la duda, hacia la idea de que Dios les ha negado su petición. La persona completa —no solo la palabra que llega al oído— debe integrarse en la totalidad del pensamiento. El oído recibirá la palabra. El corazón se refiere al yo Divino, a esa entidad espiritual que quiere unirse a Dios. No hay alianza con Dios, a menos que la persona consagre todo su ser a esta verdad.

Habrá los desesperanzados que recibirán este poder en sus vidas, pero se servirán de él por el solo propósito de recibir inspiración, no para manifestar lo que necesitan. Parecen satisfechos con solo una inspiración. Ellos hablan de esta inspiración. Hablan de su verdad que les dio esta sensación maravillosa, este gran toque mágico. Pero no manifiestan nada.

Habrá algunos que gritarán "¡Auxilio!". Exclamarán a Dios "Dame la energía que necesito para trabajar, para vivir, para disfrutar mi vida". Ellos suplican y suplican sin cesar. Pero nunca llegan a agrupar las partes del pensamiento completo. ¿Qué quieren? ¿Curación? ¿Alianza con Dios? ¿Aliarse con la Hermandad para aprender más sobre la verdad? Ellos simplemente descargan sus llantos en la soledad de sus pensamientos vacíos, sus deseos vacuos, sus necesidades insustanciales. Ellos piensan que necesitan algo, pero no saben qué. ¿Cómo puede el poder satisfacer la necesidad o la condición que se desea sin que esa necesidad o ese deseo sean expresados? ¿Por qué los seres humanos simplemente claman y se lamentan día y noche con respecto a su infelicidad sin pensar detalladamente en lo que necesitan o desean para cambiar su situación? Necesitan metas. Necesitan tener una idea clara en sus mentes. Así sus peticiones serán atendidas.

Uno de los Hermanos luego habló directamente al lector.

Sé fiel a tu propio templo interior. Piensa en lo que colocaste ahí. Revela los deseos de tu corazón durante el tiempo que pases con Dios. Dile a Dios que deseas manifestar estas metas y estos sueños sagrados. Entonces el poder se lanzará hacia ese templo y manifestará estas intenciones en la experiencia de tu propia vida. Tus deseos se manifestarán porque la energía poderosa de Dios quiere que se manifiesten. La atracción entre aquello que es genuino dentro de cada uno de ustedes, y aquello que hace que estas cosas se realicen es irresistible. Lleva este mensaje al centro de la verdad de tu ser, a tu propio yo Divino para que se obre sobre el mismo.

A ninguna persona que desee servirse del gran poder de Dios se le negará ese. Esta es la verdad que es ignorada, ridiculizada, enseñada como la tontería que convierte a los hombres en soñadores. Para que el lector no tome en cuenta el consejo proveniente de la conciencia terrenal con respecto a este tema, le recomendamos que se dirija al Dios del Universo y Le diga que tome Él el control sobre sus anhelos desde ahora en adelante. No hay otra palabra, sino la Suya. No hay otro poder que no sea el Suyo. El Dios del Universo estará presente ahí, tocándote a ti con Su poder, con Su verdad. Lo que decimos aquí es la verdad.

Un espíritu avanzado admitió que la gente puede prosperar en la vida terrenal sin la Conciencia Divina, por lo menos durante parte de sus vidas.

La idea de que algunas personas se convierten en lo contrario de lo que es Dios es el hecho que debemos afrontar. Que esas personas parecen tener poder es innegable. Que aquellos que se aferran a las creencias falsas extraen su crecimiento de la conciencia terrenal es un hecho que comprendemos. Ellas se dirigen completamente a la conciencia terrenal, al pensamiento de que no existe ningún Dios, ninguna Divinidad, ninguna vida eterna.

El solidarizarse con la conciencia terrenal, y el alejarse de la Conciencia Divina, sumerge a la persona bajo la energía que la Tierra produce. Esta energía la llevará lejos porque hoy en día contiene mucha verdad indiscutible, pero inevitablemente esta energía se acabará y la dejará vacía. Aquellos que emplean esta energía no se pueden explicar a dónde fue a parar esta. Piensan que están rendidos y, a medida que tratan de reencontrar esta energía, se preguntan si podrán alguna vez pensar creativamente de nuevo. La energía terrenal funciona fuertemente al principio y luego, se va por el desagüe para nunca más volver.

Los miembros de la Hermandad explican que la conciencia terrenal es receptiva al cambio. Por lo tanto, ellos tratan de alzar la calidad de la energía de la conciencia terrenal, transmitiéndole su mejor verdad. Ellos afirman que nosotros también podemos contribuir con esta tentativa al mismo tiempo que asimilamos mejor la verdad procedente de la Conciencia Divina. Sin embargo, independientemente de cuánto mejore la conciencia terrenal, esta sigue siendo un "respiro temporal" que usted y yo podemos usar por un número de años, aun en la vejez. No obstante, tarde o temprano, esta energía determinada nos fallará.

*La razón de este fallo, según estos espíritus avanzados, es que la conciencia terrenal solo nos da hechos **de la manera en que los percibimos.** Esto significa que, aunque podamos tener éxito de una manera grandiosa por un tiempo, la conciencia terrenal al final nos abandonará porque no contiene la verdad completa. Es limitada, exactamente como nosotros somos limitados. La conciencia terrenal no es la fuente de toda la verdad; es simplemente la fuente de la verdad que la humanidad ha descubierto hasta este momento.*

Un Hermano proyectó este pensamiento al tema de la escritura de este libro.

Esta autora se alía con nosotros para escribir lo que el Dios del Universo quiere que sea escrito. Ella no tenía ninguna intención de escribir de esta manera, pero la entidad que entró en su cuerpo lo hizo para escribir este libro. Es por esta razón, pues, que ella ahora está asociada con nosotros para lograr su misión. Esta escritura se llevará a cabo en la Tierra para lograr su meta de darle a los seres humanos la oportunidad de evaluar el marco completo, a fin de que ellos puedan escoger con cuál conciencia identificarse, con la de la Tierra o con la de Dios. De hecho, este es el propósito en sí de esta escritura.

La Hermandad desea extirpar los pensamientos erróneos de la mente de la humanidad. Queremos anular los efectos del pensamiento que la conciencia terrenal enseña. No hay ningún pensamiento en el plano terrenal que abra la mente a mayores posibilidades que la verdad enseñada por Dios, ya que esta verdad es individual. El Dios del Universo abre el camino hacia la grandeza dentro de cada uno, gracias a los pensamientos incuestionables que emanan de la Conciencia Divina.

Dile a los lectores que el punto principal de todo esto es que sean la persona Divina que están destinados a ser. De esta manera, ellos encontrarán la mejor expresión, el verdadero don que Dios tiene para cada uno. Así la gente prosperará para convertirse en los seres que anhelan ser. Deberían hacerle espacio a esta verdad en sus corazones ahora para que realicen su potencial óptimo.

Indiqué que, aunque los miembros de la Hermandad hablan en general de grupos de personas, muy rara vez han escrito sobre un solo individuo. Pedí que dieran algunos ejemplos de personas que recurrieron solamente a la conciencia te-

rrenal para prosperar en el transcurso de sus vidas. También les pedí ejemplos de personas que descubrieron la Conciencia Divina.

Enseguida recibí ejemplos individuales que pueden iluminarnos en cuanto a la conciencia terrenal y a la Conciencia Divina.

Hubo una persona que se consagró a la práctica de sumirse completamente en la conciencia terrenal. Ella era una persona letrada que enseñaba filosofía, y fue laureada por su enseñanza. Prosperó en su profesión y llegó a escribir libros.

Después se le agotó la energía. La expresión de su plan de crecimiento necesitaba la verdadera energía de Dios para continuar. El plan que ella había comprendido era solamente el plan terrenal, no el plan Divino. Por lo tanto, cuando logró todo lo que se había propuesto lograr, inspirada, como solía estarlo, en la conciencia terrenal, simplemente no había más nada que hacer, nada más que motivara su reflexión, nada más que la inspirara. El plan había terminado. Por esta razón, cuando perdió su interés en la vida, se quitó la vida para sumirse en la nada en la que creía, la nada del más allá de la vida terrenal.

Así terminó su vida, pero cuando la nueva vida se le abrió aquí, cuando vio su verdad en perspectiva, se entristeció. Esta nueva vida le mostró cómo ella había revestido su vida terrenal con verdad inferior, con la verdad que no representaba el verdadero material para el crecimiento espiritual. Entonces esta entidad se arrepintió. Quería regresar para llevarse el nuevo conocimiento profundo, a fin de poner en práctica la verdad de la Conciencia Divina que nunca se agotaría.

Regresó a la vida terrenal, esta vez para vivirla en medio de los seres con quienes ella había trabajado. Ella amaba a esta gente, creyendo que la ayudaría. Pero esas personas estaban impregnadas de verdad terrenal, de conciencia terrenal. Esos seres, quienes habían sido sus propios estudiantes, habían aprendido sus lecciones demasiado bien. Ellos le enseñaron a esta niña sus creencias. Esta persona creció para creer otra vez en la totalidad de la conciencia terrenal. Esta vez hizo uso de la conciencia terrenal como lo había hecho antes. Sin embargo, la idea le llegó a su mente de que este sendero le parecía conocido, que no parecía satisfacer sus necesidades. Esta vez buscó más respuestas, más verdad, y esta vez la encontró. Al hacer esto, esta entidad se opuso a las creencias de sus padres, a sus propias creencias anteriores. Esta vez desilusionó a aquellos que habían sido sus estudiantes porque se dirigió a la verdad de Dios.

Hubo otra persona que entró en la vida terrenal para ser una con Dios entregándose a la Conciencia Divina. Esta entidad, un hombre gentil hasta el punto de ser afeminado, tomó su verdad de la Conciencia Divina. Esta vida le trajo suficiente energía para unirse a la gran verdad del ser, a la gran verdad de este universo. Estudió el firmamento y adquirió muchos conocimientos sobre la enorme galaxia de la cual es parte la Tierra.

Esta persona maravillosa enseñó a otros lo que había descubierto. Aunque por un lado no tenía la valentía viril que la gente admiraba, poseía, por otro lado, demasiada gentileza para agradar a la mayoría de la gente, y esta de cualquier modo aceptó sus admirables enseñanzas. La gente fue más allá de su apariencia hacia el corazón central de la verdad que él expresaba por medio de su trabajo y por medio de su propia personalidad. No hay nada que no se pueda hacer con esta extraordinaria verdad que Dios nos transmite a nuestras mentes cuando la solicitamos.

La palabra "verdad" se utiliza tanto con respecto a la conciencia terrenal como en relación a la Conciencia Divina, lo cual puede originar confusión para algunas personas. Sin embargo, estos espíritus avanzados explican que cualquier cosa en la que creamos es nuestra verdad. La conciencia terrenal sostiene la "verdad temporal" que nos sirve por un período corto; sin embargo, la "verdad duradera" proviene de la Conciencia Divina y nos será beneficiosa durante todas nuestras vidas.

Otra explicación de un espíritu avanzado indica que la verdad temporal puede resultar en fama y fortuna, pero no en la verdadera satisfacción interior. La verdad temporal nos ayudará a realizar nuestras metas, pero una vez que la meta sea alcanzada, creeremos que no hay nada más que lograr. La "verdad duradera", no obstante, nos llevará más allá de nuestras primeras metas, hacia logros aun más grandiosos y hacia la profunda satisfacción.

Los miembros de la Hermandad indican que los seres humanos en el plano terrenal que están ciegos a la verdad de la Conciencia Divina estarán muy afligidos cuando lleguen al próximo plano de vida. "No saben quiénes son", afirmó un Hermano. "Ellos ven carne y sangre, y creen que eso es todo de lo que se componen". Este grupo de espíritus inspirados por Cristo tiene la perspectiva de ver la situación mucho más claramente que aquellos entre nosotros que viven en este plano terrenal. Ellos dicen que quienes vienen a este plano sin ningún plan reciben mucha atención de su parte. Estos ayudantes ven que aquellos que no entienden su naturaleza espiritual utilizan la verdad de la conciencia terrenal para imponerse y para liberarse de problemas por medio de cualquier manera posible sin importarles a quienes ofendan.

No hay ninguna verdad que estos seres acepten, sino aquella que representa la forma más baja de la conciencia terrenal. Estas personas vacías generan su propia verdad y, haciendo esto, se destruyen a sí mismos y a otros. Estas verdades personales, que no les aportan ningún beneficio verdadero y duradero, solamente los llenan temporalmente de riquezas o de placer en el campo de la sensualidad.

Cuando aquellos que se entregan a la verdad inferior se juntan, su ordinariez se convierte en una realidad terrible para todos en el plano terrenal, afirma un Hermano.

La ordinariez toma la forma de odio hacia todo lo que es poco común o productivo o bello. Esta tosquedad vela por su verdad con celo y, debido a que genera más de la misma verdad, crea un patrón de violencia y odio en acción. Aquellos que se entregan al odio a menudo se obsesionan con sus problemas y se concentran en la gente que supuestamente causa estos problemas.

El aplicar esta (*seudo*) verdad a su depravación, la retuerce convirtiéndola en fealdad, pero continúa siendo su propia verdad. Ellos deben vivir con ella. Desafortunadamente, los otros en la vida terrenal deben vivir con ella también. Esta verdad inferior en la que algunos creen penetra en la conciencia terrenal. De este modo, esta conciencia se llena de la negatividad que frustra a la gente buena, que distorsiona la realidad, que suministra respuestas espantosas. Ellos retuercen e inyectan verdad con su propia energía, a fin de que penetre en las mentes de la gente y se burle de su imaginación. Esto le da a la gente pensamientos terribles sobre los cuales reflexionar y genera la fuerza que destruye la verdadera palabra. Esa imagen es el lado maligno de las cosas. Pero, por supuesto, existe el otro lado.

Nadie pertenece a la conciencia terrenal. Existe el libre albedrío. La gente que fomenta esta verdad perniciosa genera su propio poder, pero esa gente trata de imponer su verdad sobre otros. El acto de imponer les quita fortaleza a ellos, y el mal se debilita. El intento de imponer por la fuerza no es ni fortaleza ni poder –aquí está el principio inviolable al que debemos prestarle atención–. De hecho, el poder de Dios está en la disponibilidad, no en el uso de la fuerza de la Conciencia Divina al entrar en las entidades que abren sus mentes. Consecuentemente, el mal que la gente produce con sus pensamientos pierde su vigor al convertirse en imposición por la fuerza para inducir a otros a pensar y actuar con malicia.

El contactar la conciencia terrenal no necesita ningún esfuerzo en particular, pues se cierne entre ustedes constantemente. Esa conciencia da su verdad generosamente porque se vierte en el vacío que la gente tiene. La verdad de la mente terrenal se derrama en la vacuidad que se llena de cualquier cosa que esté disponible. El contactar la Conciencia Divina, por el contrario, requiere una decisión para hacerlo. La Conciencia Divina toma su verdad de Dios solamente y la da cuando el individuo la exige, la solicita y está dispuesto a aceptarla. Es luego, y solamente luego, que esa verdad se vierte en el alma de una persona.

La diferencia entre estas formas de conciencia está cla-

ra. Los pensamientos que emanan de la conciencia terrenal se vierten infinitamente sobre nosotros, así queramos o no. Se parecen a la lluvia que cae sobre los justos y los injustos. Cuando le damos a Dios el derecho de entrar en nuestras mentes, solo la verdad útil de la conciencia terrenal penetra en nuestras mentes junto con la completa verdad de Dios.

Les pedí a los Hermanos que alguno de ellos hiciera un comentario sobre la prosperidad como algo de Dios o de la conciencia terrenal, y aquí está cómo lo explicaron.

La verdad sobre la prosperidad es que Dios da la sustancia, el medio gracias al cual la gente prospera. Esa es la manera fácil, el camino de la fe. Pero la conciencia terrenal también enseña prosperidad. Dice que ustedes también pueden "adelantárseles" a los demás. Pueden ser ricos, cuando otros son pobres. La conciencia terrenal enseña que debe haber pobreza, que solamente hay una cantidad limitada de prosperidad que circula en la Tierra, y esta prosperidad toma la forma de la riqueza. Entonces la gente deduce de esta verdad terrenal que ser el más grandioso, el más poderoso, el mejor en cualquier cosa, es la manera de prosperar. No hay otra manera, según la conciencia terrenal. O sea, no hay ninguna otra manera, a menos que el individuo llegue a la prosperidad tomando lo que quiera a través de medios deshonestos.

El hecho de que la gente acepte esta falsa verdad de la conciencia terrenal que indica que hay limitaciones es motivo de asombro. La conciencia terrenal insiste en que existe una cantidad limitada de prosperidad, y si una persona va a recibir la suya, es mejor que trabaje con ahínco todo el tiempo. El asociarse con la Hermandad ayudará a la gente a manifestar prosperidad sin todo este ajetreo, sin caer en conceptos falsos, sin creer en la mentira según la cual su prosperidad depende de su propia habilidad, su propio trabajo, su propia mendicidad.

Muchas personas atraviesan crisis de identidad en sus vidas. Pregunté cómo podrían ser influenciadas por la conciencia terrenal.

El hecho de que hay gente que puede estar algo feliz por años, inmersa en la verdad de la conciencia terrenal, es un asunto indiscutible. Esta gente depende de cosas materiales para satisfacerse. Se persuade a sí misma de la mentira de que esto es todo en lo que consiste la vida –la acumulación de cosas finas, la vida buena–. Pero, finalmente, la verdad de la conciencia terrenal ya no satisface. Entonces la gente trata de encontrar el sentido de sus vidas. Pero, sin la Conciencia Divina, no hay sentido.

Cada uno de ellos es espíritu. Esa es su realidad. Como resultado, las cosas materiales solo satisfacen lo material en ellos. La mayor parte de ellos mismos es el espíritu, aquello que emana de Dios, aquello que es indestructible, aquello que toca al Dios del Universo. Con esta chispa de Divinidad dentro de sí mismos, ellos finalmente tienen que tocar algún día aquello que es Divino. O eso, o ellos se consumen en sus preocupaciones, sus problemas, sus promesas de que sus vidas van a ser las mejores. La gente se promete la buena vida, pero cuando la logran, entonces se encuentran con la vacuidad dentro. La verdad de la conciencia terrenal ya no los satisface, yo no les agrada, ya que no es su realidad.

— ❀ —

ESTIMULADORES DE PENSAMIENTOS

1. La Conciencia Divina pone a cada persona en contacto con la verdad eterna de Dios. La conciencia terrenal mantiene una verdad de sentido común básico que abarca el pensamiento humano desde el principio de los tiempos. ¿Cómo puede usted personalmente contribuir con una verdad de la Conciencia Divina que ampliará la verdad contenida en la conciencia terrenal?

2. La conciencia terrenal rechaza la Conciencia Divina. La conciencia terrenal enseña que no existe la Conciencia Divina. Muchos piden ayuda en llanto. ¿Por qué es su llanto vacío y qué se necesita para cambiar esta situación?

3. Dios abre el camino de grandeza a cada persona para que llegue a ser la persona Divina que quiere ser. El alimentarse de la Conciencia Divina requiere una petición y la voluntad de aceptar la ayuda solicitada. ¿De qué manera ofrece la Hermandad ayuda a Dios y a usted a través de la conexión con la Conciencia Divina?

Trabajo Interno: *Dios lo ayuda a usted a refinar y embellecer sus anhelos. La Conciencia Divina es capaz de responder a cada necesidad o deseo conocido por la humanidad. Céntrese en el principio de la Conciencia Divina según el cual los pensamientos son cosas. Únase a la Hermandad en su templo interior secreto y explore las necesidades, los deseos y las metas más profundas de su alma.*

Historias sobre la Hermandad

12

Estas historias de vidas tras vidas de la Hermandad muestran sus fracasos, su progresión y, finalmente, su evolución a almas avanzadas que orientan desde el próximo plano de vida.

La gente que piensa seriamente que la reencarnación es el plan de Dios para el crecimiento de su alma inevitablemente quiere saber los datos específicos —nombres, fechas, lugares de vidas anteriores—. Esas personas quieren conocer los logros exactos y títulos, si hubo algunos. Le pedí a alguien de la Hermandad que comentara.

Los datos específicos, como tú los llamas, no nos dicen nada sobre el crecimiento del alma. Ellos solo nos dan una reseña de una existencia terrenal vivida en un período sumamente corto. Esta vida es insignificante después de ver el espectro completo de todas las existencias de una persona, ¿ves? El crecimiento espiritual es lo que importa —no la vida específica, la cual pudo haber generado muy poca evolución interior—. La historia de esas vidas, de hecho, se torna aburrida para relatar. Las minuciosidades específicas que mencionas no nos dan ningún conocimiento, ninguna apreciación confiable de la verdad de nuestro ser.

Una vida, ¿qué representa eso, en realidad? Una vida a la cual ustedes le atribuyen tanta importancia es tan corta que casi no vale la pena evaluarla. Que el individuo se haya aferrado a la verdad en esa existencia –eso es importante–. Que la persona haya demostrado la verdad de cualquier manera que el plan de vida haya previsto –esa es la obra importante a resaltar–. ¡El crecimiento del alma –ese proceso constante hacia la verdad, hacia el Dios del Universo– es la parte fundamental de la historia!

Estos espíritus avanzados ofrecen varias historias de su propio grupo –historias que exponen sus fracasos, su progresión, su crecimiento espiritual–. Cada historia contada le da al lector una perspectiva única con respecto al propósito de la reencarnación.

La meta consiste en que otros puedan entender que este método que ofrecemos es también su meta. El lector abre su corazón a la prueba de nuestro triunfo para alcanzar ese mismo tipo de superación interior.

Aquí está la primera historia sobre un Hermano que se convirtió en la verdad en expresión. Él vino a la vida terrenal para ser la pura entidad intrépida que el Dios del Universo deseaba tener. Él consagró su vida a la gente, a fin de ser la entrada al palacio del Dios del Universo, a quien llamó el Padre. Este Hermano guió a otros porque su verdad era irresistible. Su verdad les daba esperanza de encontrar el mejor camino de la gran hermandad que Dios quería tener. La gente se dirigía a él para que los curara, para lograr que sus esperanzas se realizaran, para que su verdadero yo fuese tocado por su espiritualidad. Ellos lo honoraron y lo apreciaron enormemente.

Después la gente lo presionó para que hiciera todavía más. Ellos querían que los liberara de la tiranía del opresor. Pero este Hermano se negó a hacer esto porque su misión no era la de ejercer poder terrenal, sino poder espiritual. Para entender esta verdad, la gente finalmente tuvo que verlo crucificado, muerto y luego, resucitado. Así la gente se enteró de que el poder espiritual era real, y esto les dio gran júbilo y felicidad. Esta resurrección, este renacimiento del cuerpo en sí, le dio a esta gente la esperanza que se tornó real. Al principio, la esperanza era débil, pero la realidad del cuerpo resucitado fue la prueba que los convenció.

Fueron a un lado y a otro para propagar la verdad que este Hermano les había aportado. Ellos enseñaron la verdad, la luz, la Paternidad de Dios. Después crearon una religión poniéndole el nombre de la esperanza que una vez albergaron de que Cristo vendría a redimirlos. Denominaron a esta nueva religión Cristianismo. Esta religión fue la que incorporó a la religión Judaica, pero prosiguió a incorporar a la entidad resucitada llamada Jesús el Cristo. Por un período largo de tiempo, la gente experimentó el crecimiento espiritual en abundancia. La gente llegó a amar al que se llamaba Jesús, aun sin haberlo visto. Ellos le fueron leales y devotos. Finalmente, hicieron de él su Dios y se olvidaron completamente del significado de su venida y estadía entre ellos.

Este Hermano vino a este plano resuelto a ampliar el campo de acción de este Consejero, de esta Hermandad, de manera que su verdad no se perdiera. Él esperaba que la gente le diera un lugar en su corazón y en su espíritu a este Consejero. Aun hoy en día, él nos asigna muchas misiones destinadas a cambiar la vida terrenal, a fin de que la gente busque la verdad completa en vez de la media verdad. Este Hermano no tiene ningún otro objetivo que el de fomentar la verdad Divina en cada individuo. Con este fin, trabaja con nosotros aquí en este plano de existencia, aunque puede pasar más allá de este a otros planos de existencia. Él representa el alineamiento perfecto con el Dios del Universo, él es verdaderamente Uno con Dios.

Nadie puede jamás ser más de lo que Jesús fue en la Tierra. Él demostró ser el modelo perfecto de la evolución. Sin embargo, es totalmente falso que él sea el único ser capaz de lograr este alineamiento perfecto con Dios. Él vino para que la gente lo tomara por su palabra: que otros pueden realizar lo que él hizo, y aun más. Jesús se alió con la Hermandad para llevar a cabo su propio destino como el hijo de Dios que vino a enseñar a otros que ellos también son hijos e hijas de Dios.

La perfección que él logró desanima a muchos porque creen que nunca podrán ser perfectos. Pero ellos no entienden lo que es la perfección. Creen que el ser perfecto consiste en ser de voz amable, tener una cara que inspire confianza o gran bondad, o exponer acciones fraternales. Creen que todo el mundo se siente atraído hacia esa perfección y que existe una aureola para identificarla. Ciertamente, piensan que la perfección es el templo sin defecto alguno. Pero esta no es de ningún modo la verdad. **No. Esta NO es la verdad**.

La perfección proviene del yo Divino interior, donde el

espíritu de Dios nutre el alma. Esta persona, esta entidad, este ser que demuestra perfección no pretende agradar a los hombres y a las mujeres. Esta perfección agrada solamente a Dios, a la bondad total que se entrega a este ser. No existe la perfección que agrade a los hombres y a las mujeres todo el tiempo. La gente desconfiará de esta bondad considerándola un pensamiento egoísta, un pensamiento que pueda causar disputas, un pensamiento que no se encuentra en la Biblia, o cualquier otra cosa de este mismo género. Esta desconfianza es lo que hay que ignorar dentro de uno mismo.

El Hermano del cual hablamos no le hizo caso a los pensamientos que intentaban alejarlo del yo Divino que conocía la verdad. Él ignoró las preguntas simplemente dándoles respuestas simples y continuando su camino. No hay manera de evitar las preguntas, pero uno puede evitar darles mucha importancia. La maravillosa verdad interior será la guía, el ayudante y el consolador más confiable. La verdad interior es la única que amerita nuestra atención, no las verdades de los demás. Este hermano era perfecto en su interior. Él se entregó al Dios de su ser, al Dios del Universo, al Dios cuya bondad supera el mejor concepto del hombre.

La Hermandad comenzó con el ejemplo supremo —Jesús el Cristo— por ser este el ejemplo más elevado. Los Hermanos explican cómo él logró unirse a Dios, viviendo el plan de su vida terrenal exactamente de la misma manera en que él y Dios lo habían concebido. Luego, establecieron un lazo entre el logro alcanzado por Jesús y nuestro potencial de llegar a ser tan perfecto como él. Jesús es, como ellos habían dicho anteriormente, "el Hermano de Hermanos". Pero ellos no nos presentan a Jesús como la perfección distante o vaporosa. Nos lo presentan como una realidad, como el espíritu avanzado que todos nosotros queremos ser. Sin embargo, la mayoría de nosotros nos identificamos con historias sobre otras entidades espirituales —historias que relatan tanto fracasos como éxitos—.

El otro Hermano del cual hablaremos ahora comenzó su existencia en el universo como la chispa de Divinidad que poseía la libertad perfecta, la cual mencionamos en el último capítulo. Esta entidad consagró su chispa Divina al plan de colaborar con nuestra Hermandad/nuestro Consejero para dar ayuda en su vida terrenal. Trató de convertirse en un modelo (*de perfección*), pero el canal abierto que pensó crear se obstruyó con su ego. No tenía ningún Dios a quién imitar, ningún Dios a quién venerar.

Le erigió un gran monumento al Dios que adoraba, pero se olvidó de la verdad que él había venido a enseñar, por dedicarse a la realización de ese monumento. Este monumento se convirtió en la gran pirámide de Egipto. Esta pirámide llegó a ser su monumento al Dios que conocía, pero se olvidó de la verdad que había venido a enseñar a otros.

Luego, después de su muerte y en su nueva vida aquí, se dedicó al estudio de su vida anterior. Vio ese monumento como algo que la Tierra no necesitaba. Causó miseria con la construcción de ese monumento y no enseñó a la gente nada de la verdad que había planeado propagar. Finalmente, regresó a la vida terrenal, esta vez aun más decidido a transmitir a la gente la verdad de Dios. Pero una vez más estuvo absorto por la idea del monumento y llegó a construir otro monumento conmemorativo, otra tumba en la cual su cuerpo descansaría. Y otra pirámide fue erigida. Esta vez la pirámide no se construyó en Egipto, sino en otro lugar al otro lado del mundo.

Después se reencarnó otra vez en la Tierra, nuevamente con la intención de transmitir la verdad a la gente. Esta vez se abrió al Consejero/a la Hermandad, y el templo de verdad en su interior propagó su verdad a gente en todas partes. La idea del monumento se transformó en la verdad que él integró en las grandes ideas que se diseminaron por diversos países como el mensaje de Dios. El mensaje evolucionó al dirigir su mente hacia nosotros, hacia su ayuda, hacia sus maestros. Este mensaje enseñaba que Dios da la verdad. La verdad no proviene de la observación propia de la gente. La verdad es crecimiento que proviene de Dios, no de la aprobación de la gente. El mensaje que él propagó le dio a la gente una nueva esperanza del espíritu que habitaba sus cuerpos, del espíritu que le había dado su atención a la verdad de los hombres, en vez de a la verdad de Dios. Esta nueva esperanza que ellos debían buscar en su interior les dio nuevo control sobre sus vidas e hizo de ellos nuevos inquilinos de sus nuevos cuerpos.

El tercer Hermano, del que hablaremos ahora, había planeado ser el mensajero enviado por Dios para hablarle a la gente sobre la verdad de su ser. Pero una vez en la vida terrenal, su mente se dejó llevar más bien por su deseo egoísta de ser la única persona capaz de manifestar la verdad a la gente. Esta expresión egoísta de Dios le dio a la gente un poco de esperanza, pero no mucha. La gente se dirigía a este Hermano para obtener ayuda, pero no buscaban en el interior de sí mismos. En vez de decirles la verdad, se la guardó para sí mismo. Mantuvo a otros en la oscuridad causando así su propio fracaso en cumplir con el objetivo que se había propuesto al venir a la Tierra.

Cuando reencarnó nuevamente, vino a complacer al yo Divino que proclamaba la verdad de Dios a todo el mundo. Esta vez él enseñaba, pero divagaba demasiado lejos en los grandes espacios de la mente, a tal punto que la gente lo llegó a considerar demente. La gente no lo tomaba en cuenta ni le prestaba atención, salvo para hablar de él como el hombre que trató de ser el Dios de la gente anormal. Al contemplar su vida una vez en el próximo plano de existencia, este Hermano quiso hacer una nueva tentativa con este mismo plan.

Regresó a la vida terrenal otra vez más para impartir su mensaje. Esta vez vino sin ego, sin su egoísmo. Vino para servir, y servir fue lo que hizo. Esta vez llevó el mensaje de Dios a los lugares tranquilos de la Tierra –a lugares rurales, a pequeños pueblos–. Se paseaba por aquí y por allá transmitiendo la verdad, sin pensar en sus propias necesidades, salvo para encontrar lo que necesitaba para vivir. Su espiritualidad interior se reafirmó cada vez más, y él llegó a progresar hasta el punto de poder dejar pasar su cuerpo de un plano a otro, y así desplazar su cuerpo a lugares lejanos. Esta alma, este Hermano, fue el verdadero gurú que recorrió la inmensidad de la India.

El cuarto Hermano vino para entender las necesidades de aquellos que lloraban de dolor por su enfermedad. El tipo de enfermedad del cual él quería ocuparse era el que mantenía al individuo lejos de llegar a ser un verdadero miembro de la sociedad. Esta enfermedad es la que dejaba cicatrices en la gente, la que les transmitía miedo de morir. Esta enfermedad los dejaba sin fuerza, sin el vigor de una vida sana. El hermano llegó a ser médico para ayudar a esta gente a vencer esa enfermedad, ese mal. Al enseñarles cómo cuidar de sí mismos, él trató de guiarlos hacia la expresión de su unidad. Esto le resultó, y él continuó con esta misión por todo el resto de su vida, sin pensar en su propia ganancia o en sus deseos personales.

Cuando el espíritu de esta alma llegó a este plano para contemplar su vida, reflexionaba sobre su vida terrenal, sobre cómo había ayudado a esa gente que padecía de esa enfermedad. Después se dio cuenta de que su misión debía ser la de reencarnar nuevamente para no solamente enseñarle a la gente cómo obtener la curación, sino también cómo continuar siendo sano –todo sin la ayuda de un médico–. Nuevamente, vino a la Tierra para manifestar su plan. Esta vez se preocupó por esparcir la verdad de que el cuerpo le obedece a la mente. Esta mente, por supuesto, es la mente que capta los pensamientos de toda la humanidad para formar lo que es conocido como la verdad colectiva de la conciencia terrenal. La verdad de la conciencia terrenal le da a la gente la verdad que los mismos seres humanos observan, pero no les da la verdad espiritual interior. La verdad de la conciencia terrenal le dio a la gente la idea de que toda enfermedad es muy posible.

El Hermano trató de cambiar el concepto de enfermedad que surgió de la conciencia terrenal. Pero no fue capaz de hacerlo. Trató, pero no pudo cambiarlo. Luego, comenzó a enseñar el método de curación espiritual que los Hermanos le habían dado como instrumento. Él usaba este instrumento, pero no podía persuadir a otros de que lo usaran. La gente lo consideraba "El Curador", pero no aceptaban sus facultades sanadoras por sí mismas. Trató de transmitir la verdad, pero no pudo. Pero sí llevó a cabo su propósito, y, por esta razón, llegó a transformarse en un alma avanzada capaz de trabajar exitosamente en el seno de la Hermandad.

Cuando decimos "Hermano", nos referimos también a la persona femenina. Pero el lenguaje que utilizamos aquí considera la forma masculina como la más cómoda.

Este próximo Hermano era una mujer. Su vida terrenal le dio la oportunidad de llegar a ser un alma avanzada que trabaja ahora en el seno de la Hermandad. Esta entidad espiritual dedicó su vida a la verdad que trata del crecimiento del espíritu Divino en cuerpos con cerebros deficientes.

Ella se dedicó a desarrollar el trabajo en equipo entre la Conciencia Divina y la conciencia del cuerpo humano. Los seres con quienes ella trabajaba pensaban como niños; no podían utilizar sus cerebros para expresar pensamientos maduros, verdad madura. Pero cuando ella trabajaba con estas personas, les enseñaba que sus cerebros, que no les ayudaban mucho, las capacitaban suficientemente para comprender que eran entidades espirituales con un destello Divino. Ella les explicaba que este destello podía ser nutrido si ellos le dirigían su atención a este en el interior de cada uno de ellos.

Estas expresiones de pensamientos, estas entidades en cerebros deficientes, se consagraron a la verdad presente en ellos mismos y evolucionaron espiritualmente durante esa vida. El Hermano mantuvo su pensamiento de que esas personas eran destellos Divinos de Dios Mismo. Estas entidades conscientes comenzaron a evolucionar, a manifestarse espiritualmente. Algunos comenzaron a manifestarse en el plano material, ampliando su capacidad de utilizar sus cerebros. Ella se dedicó incansablemente a su trabajo y transmitió la verdad sin miedo a la opinión de los demás.

Ella también comunicó su verdad sin miedo a lo que los demás le predicaban, específicamente, que lo que ella enseñaba la arruinaría. Ella les dio su mensaje a estos cerebros deficientes, y aquellos que lo aceptaron avanzaron a grandes pasos en su crecimiento. Aquellos que viven con cerebros deficientes se alinean con Dios fácilmente. Estas personas aceptan la verdad maravillosa sin cuestionarla. El alinearse con esta verdad les enseña a unirse al trabajo de equipo de Dios, y estas personas evolucionan tan abiertamente como lo hacen los verdaderos creyentes.

El próximo Hermano entró a la vida terrenal por medio de la encarnación directa en el cuerpo de un adulto. Ella influenció la vida de personas que habían sido afectadas por la incapacidad del primer alma de sobreponerse a las dificultades que encontró, y les resolvió los problemas. Esta alma, este segundo posesor de este cuerpo, arregló los asuntos de aquella persona antes de poner en práctica el plan que había traído a la vida terrenal.

Esta nueva alma le transmitió su verdad a aquellos que no habían traído ningún plan dentro de sí, a los que habían regresado a la Tierra de manera demasiado precipitada, sin haber pensado en elaborar un nuevo plan. Este hermano se dedicó a aquellos que permanecían vacíos hasta que la verdad entró en sus mentes para formar un plan que los guiaría hacia la meta de lograr crecimiento espiritual durante esa existencia.

Este Hermano llevó su verdad a aquellos que encontró dentro de prisiones, a aquellos que encontró en lugares desolados sin ninguna esperanza para el siguiente día. Esos eran los seres a los que ella enseñó la verdad de su ser —específicamente, que ellos eran entidades espirituales que poseían el destello Divino de Dios en su interior—. Su condición desesperanzada indicaba que habían perdido conciencia de esta verdad, pues aquellos que estaban conscientes de su verdadera grandeza, que los condujo a la unión con Dios, tuvieron éxito en la vida. Alineándose con la Hermandad, ella enseñaba con autoridad y con la energía que Dios da a petición. Su enseñanza se convirtió en el generoso principio de que la gente sin esperanzas puede alcanzar la verdad.

Entre estos espíritus avanzados, muchos comenzaron su existencia considerándose dioses. Estos Hermanos divagaron por la Tierra para experimentar diversas formas de vida y se quedaron atrapados ahí. Luego, al adquirir una verdadera comprensión, se convirtieron en almas avanzadas. Esta comprensión no tuvo lugar, sino después de muchas existencias. Aquellos que reencarnaron y quedaron atrapados en materialidad estaban convencidos de la falsedad de que lo que ellos eran era lo único bueno, de que lo que vivían representaba lo único bueno, de que su venida a la Tierra a vivir las formas de vida que escogieron significaba grandeza. Este ego los hizo caer en su propia trampa, en su descarriamiento, y los condujo hacia la adquisición de una nueva verdad —la verdad de la conciencia terrenal— que les hizo la vida difícil.

Pero los Hermanos que comenzaron de esta manera aprendieron a reconocer los errores de esa forma de pensar y vivieron muchas existencias para evolucionar y madurar convirtiéndose en almas avanzadas. Las historias que les contamos aquí dan una idea de cómo las almas maduran, de cómo, por medio de su verdad, llegan a comprender que la unión con Dios es la única verdad que amerita su atención.

El próximo Hermano del que vamos a hablar está presente en este plano ahora como individuo que le dedica su energía al desarrollo del pensamiento según el cual cada persona posee algo especial qué ofrecer a la vida terrenal. Él se une a Dios para impartir los dones que ayudan a cada espíritu a manifestar su propio plan de evolución.

Esta entidad espiritual reencarnó muchas veces para alcanzar el grado de crecimiento que posee actualmente. Este Hermano reencarnó tanto como hombre como mujer, y, finalmente, utilizó sus talentos para manifestar la energía de Dios en belleza. Este Hermano posee ahora la habilidad de fomentar la expresión de los talentos –de todos los talentos–. Él estimula estos talentos a petición, cuando el alma desea dicha ayuda. Luego, entra en la mente de la persona para darle lo que la gente en la Tierra denomina "inspiración". Esta inspiración transporta al individuo a nuevas cumbres de expresión. El Hermano lo conduce al conocimiento interior del Dios del Universo, quien no niega nada de lo que la persona pueda pedirle en nombre de la bondad de Dios. Lo que decimos aquí es verdad.

Siendo vendedores ambulantes de la verdad que intervienen en la vida terrenal para ayudar a la gente a expresar su verdadera personalidad, creemos que necesitamos más trabajo, más personas que exijan nuestra ayuda. Dios nos asigna esta tarea especial, esta tarea de ayudar de todas las maneras posibles a enlazar vidas terrenales con la vida Divina. Pero necesitamos más actividad, más espíritus a quiénes aconsejar, más personas sedientas de verdad a quiénes ayudar.

Dirigiéndose directamente al lector, mi interlocutor dijo:
Ábrete a esta ayuda. Esta ayuda es mejor que riquezas, mejor que cualquier meta terrenal de índole material. Esta ayuda logrará aun más de lo que harán una o dos metas terrenales. Los objetivos terrenales pierden toda importancia frente a la verdad según la cual Dios proveerá la energía para manifestar TODAS las cosas que son buenas.

A menudo uso la palabra "ellos" para referirme a la Hermandad. Me parece —es más que todo un sentimiento— que estoy trabajando con un grupo de espíritus. Les pedí un comentario al respecto.

La Hermandad se compone de numerosos espíritus, pero hay uno en especial que está trabajando contigo. Este espíritu es el que te guía para que recibas estos mensajes, el que te ayuda a captar esta verdad.

Le pregunté si este espíritu en particular tenía un nombre. Hubo una pausa antes de que apareciera la respuesta. Parece que el nombre de este Hermano tiene que ver con su carácter y no es traducible. Luego, decidí que el nombre nos podría colocar en un nivel muy personal, y me es obvio que estos maestros/consejeros quieren que me concentre en la Conciencia Divina, no en una personalidad en particular. Sin embargo, pregunté si el Hermano que estaba trabajando conmigo había contado su propia historia aquí.

Esta historia posee las mismas características que las

demás. La historia comenzó cuando era Uno con Dios, viviendo en libertad total. Es verdad que participé en la vida terrenal. También es verdad que me convertí en uno de los que se encontraron atrapados. Igualmente cierto es que viví existencia tras existencia para transmitir la verdad y que mi espíritu evolucionó. Que finalmente llegué a ser un alma avanzada es también verdad. Lo que relato aquí es mi propia verdad, pero no es el cuadro completo. La verdad que doy solamente tiene ciertos elementos. La verdad es lo que manifesté. La verdad que uno llega a manifestar es la que se convierte en parte de uno mismo.

Me sentí algo desencantada. Había esperado más información sobre el espíritu con el que trabajo día a día. Luego, más tarde durante ese día, una historia me fue transmitida, una historia contada en tercera persona, una historia que aparentemente llegó con algo de renuencia.

La Hermandad quiere que yo les hable a ustedes, los lectores, de otro Hermano. Este posee los elementos de las tres almas más grandiosas que jamás se hayan manifestado sobre la Tierra. Esta alma viajó a la Tierra repetidas veces, pero no logró ejecutar su plan en toda su amplitud. Luego, cuando esta alma finalmente integró el concepto del gran poder de la verdad en sí misma, su vida produjo la grandeza que había querido expresar. Esta alma integró la verdad que conocía, la aplicó a su plan y convirtió la situación en la manifestación de la bondad que proviene de Dios. Entonces esta alma, satisfecha con el plan puesto en ejecución, se sometió a nuestras pruebas y las aprobó con excelencia.

Esta alma abre su corazón a todos los que entren a la vida terrenal para transformarse en especialistas, en aquellos que se especializan en algún aspecto de la verdad –tales como esta escritura–. Esta alma quiere que los especialistas que toman parte en esta comunicación sean verdaderos receptores, no solamente autoridades capaces de comunicarse con este plano. El aspecto de la verdad es su verdadera vocación aquí. Este espíritu soy yo mismo, con el que tú te comunicas. Este espíritu es el punto de entrada de los que, en la vida terrenal, quieren establecer contacto con este plano con el fin de crecer espiritualmente.

"Esta fue tu propia petición de ayuda, la necesidad de tener un maestro", me dijo mi mensajero. "Este maestro es nuestra propia persona, nuestro yo espiritual –aquel con el que tú te estás comunicando en este momento–".

Como cualquier otra persona, yo a menudo estoy llena de pensamientos angustiosos con respecto a personas queridas. Durante la escritura de este capítulo, estas palabras me fueron transmitidas para alentarme:

El Hermano con el que tú te comunicas sabe que no siempre es fácil vaciar la mente para recibir estos mensajes, pero él quiere que tú sepas que este trabajo es la verdad que está viniendo a través de ti. Considera esta verdad como la que da lo mejor que hay para otros. Entonces verás como la verdadera bondad se expresará por medio de ti. No pienses en las preocupaciones de tu vida o en las vidas de otros. Bendice las situaciones, vacía tu mente de preocupaciones o de inquietudes. Piensa solamente en confiarnos tus preocupaciones a nosotros, pues nos encargaremos de ellas para infundirte ánimo, a fin de que trabajes con nosotros. No pierdas ningún pensamiento en ninguna preocupación que te venga a la mente, pues no hay nada que pueda superar nuestra verdad, nuestra bondad, que se expresa en ti, en Carl (*mi esposo*), en lo que te inquieta a ti.

Con esta firme convicción, continuamos la escritura de este capítulo.

Algunas almas nos dicen que están lo suficientemente avanzadas para formar parte de nosotros, pero en realidad no lo están. Algunas quieren ayudar, quieren ser parte de este grupo de ayudantes, pero no poseen las cualidades necesarias. La esencia de la Hermandad consiste en el entendimiento de que el Dios del Universo escoge a los seres que son la personificación genuina de la verdad para que sean miembros de la Hermandad. Los otros aspirantes pueden intentar postularse, pero solo entran en nuestro grupo para ser descartados, pues su entendimiento es inferior. Solamente las almas ilustres y avanzadas toman en sus manos el trabajo y lo ejecutan aquí.

Tiene que haber un entendimiento avanzado de la verdad, un entendimiento avanzado de contacto, un entendimiento avanzado del poder que la verdad proporciona. La Hermandad se abre a cada persona, a cada entidad, pero solo aquellos que son capaces de pasar las grandes pruebas pueden trabajar con los seres del plano terrenal. Los otros se alejan debido a su falta de entendimiento y de habilidad. Puede que elijan intentar nuevamente, o sea, regresar a la vida terrenal para evolucionar más. Después pueden regresar a nosotros para intentar de nuevo pasar las grandes pruebas de la verdad.

El próximo Hermano del que vamos a hablar se unió al Dios de su incredulidad. Luego, se dirigió a la plaza pública donde influenció a otros con sus creencias, que los condujeron a sus actividades impías. Se dedicó a la crueldad de tomar la vida de otros considerándose juez sobre ellos. Él pretendió ser el Dios de la vida y de la muerte para otros. Su gran pesar es el de haber enseñado a otros sus falsedades y haberlos guiado por el camino de la incredulidad en la verdad de Dios. Estas dos traiciones se produjeron porque él había escuchado la conciencia terrenal, en vez de la Conciencia Divina.

Pero cuando llegó a este plano, él vio y entendió la verdad del canal abierto que lo hizo recapacitar sobre sus grandes traiciones. Luego, regresó a la vida terrenal para convertirse en lo opuesto de lo que había sido antes. Este Hermano se consagró a enseñar la verdad de Dios a otros, ampliando sus conceptos sobre la verdad de que ellos son verdaderos espíritus de Dios, las mejores entidades de Dios. Este Hermano despertó la chispa Divina en muchos. Él mismo se convirtió en el canal abierto para llegar a la verdad. No emprendió nada que no fuera para el bien. Se ofreció para ser la recompensa para otros que pudieran tratar de condenar la verdad. Hasta el fin de su vida, siempre dijo la verdad sin reparar en el castigo que recibiera o en el mal que se le infligiera. Se mantuvo leal. Luego, cuando entró a este plano, había transformado su yo Divino en el alma avanzada que podía incorporarse a la Hermandad para aportar la ayuda que la gente necesita. Este crecimiento es en realidad posible si una persona permanece siendo la verdad personificada, la verdad en acción.

La Hermandad está compuesta por aquellas almas que le han sacado provecho a sus errores de vidas anteriores para regresar al Dios del Universo. Estas almas reencarnaron una y otra vez para llevarse su verdad consigo. A veces fracasaron, a veces tuvieron éxito a medias, a veces ejecutaron sus tareas y no tuvieron que regresar a la Tierra, a menos que hubieran reencarnado en el cuerpo de un adulto para llevar a cabo alguna tarea especial. No es de asombrarse de que la verdad entre a la vida terrenal lentamente. Vivir vida tras vida es un camino lento. El hecho de que nosotros –las almas que perdieron su camino– hayamos regresado a Dios tan bien como lo hemos hecho es una maravilla.

ESTIMULADORES DE PENSAMIENTOS

1. *El crecimiento constante y progresivo de nuestra alma es el propósito de nuestras numerosas vidas. ¿Qué le impresionó a usted de las experiencias de las vidas de la Hermandad?*

2. *Jesús se alió con la Hermandad para llevar a cabo su destino. Poniéndole atención a nuestra verdad interna, podemos lograr el mismo destino para nosotros. ¿Qué entiende usted por esta perfección del yo Divino interior?*

Trabajo Interno: *La Hermandad está compuesta por almas que, después de muchas dificultades, han reencontrado su camino hacia el Dios del Universo. Solo aquellos que pueden pasar las grandes pruebas pueden trabajar con personas en el plano terrenal. Contemple su gran regreso a Dios. Exprese* *sus pensamientos internos con respecto a la confianza, la honestidad, la integridad y el bien que usted quiera expresar. Solicite la ayuda de la Hermandad para que lo/la asesore en definir su propio camino y crecimiento hacia la verdad para esta vida.*

ESTIMULADORES ADICIONALES DE PENSAMIENTOS

❦ *Nuestros pensamientos son la sustancia que utilizamos para formar nuestras personalidades y crear nuestras vidas. Nuestro estado de espíritu mental manifiesta nuestra realidad.*

❦ *Enfóquese en los grandes recursos que Dios nos pone a nuestra disposición. No hay carencia, ningún límite a esta disponibilidad. Use estos recursos libremente sabiendo que la fuente no se puede agotar.*

❦ *La decimoprimera promesa obliga a nuestro yo Divino a estimular nuestros propios dones... los cuales producen el gran bien en nuestra vida.*

❦ *Nuestro fin es el de avanzar dentro de nuestro plan de vida y vaciar nuestro ego personal para adquirir la libertad pura en la unión con Dios. Así es como nosotros expresamos las maravillas de nuestro interior.*

❦ *Le podemos decir a nuestras mentes individuales que estamos bajo la guía de la verdad de Dios. De esta manera, la*

Conciencia Divina filtra los pensamientos de la conciencia terrenal que fluyen constantemente en nuestra mente. Solo los pensamientos que pasen la prueba de la verdad quedarán en pie.

❧ *Nuestra verdad nos llega individualmente. La Hermandad nos asesora para abrir nuestro yo Divino al Dios del Universo. Nuestra verdad es crecimiento que emana de Dios, no de la aprobación de la gente.*

❧ *La perfección de nuestro yo Divino proviene de la Conciencia de Dios y alimenta nuestra alma. Esta verdad en nuestro interior es la única guía que amerita nuestra atención.*

Recibir la verdad de la Conciencia Divina

13

La Hermandad explica cómo la correspondencia tiene lugar entre ella y la autora. Esta explicación presenta solamente el punto de vista de la Hermandad junto con el sistema de aprendizaje por etapas que otras personas puedan utilizar.

En el segundo capítulo, "Formar una relación de compañeros", yo relaté mi propia historia sobre mi comunicación con la Hermandad. En este capítulo, mi interlocutor me da una explicación de la manera en que se recibe la información que se escribe.

Esta verdad que te damos sobre nuestra comunicación será nuestra verdad, no la tuya. No entenderás cómo todo esto puede ser real, pero no te preocupes, pues te damos a conocer la verdad como siempre. Tenemos nuestro punto de vista sobre esta comunicación, la cual tiene que ser añadida a la tuya, ya que explicamos la manera en que esta transferencia de pensamiento realmente ocurre, no la manera como parece ocurrir. Ahora céntrate en la entidad espiritual que eres. No pongas atención a la parte física.

Me concentré en la imagen del arado trabajando en la suave tierra. Estaba tan lista para la recepción como siempre lo había estado, pero nada llegaba. Esperé, pero nada sucedió. Después recibí "Nb Nnnn? Nv: NgNnnnnn". ¿Qué pasaba? Esperé otro rato.

La Hermandad utiliza un vocabulario único, pero apropiado, para describir diferentes situaciones. Había en realidad una especie de "humedad" perturbando la comunicación. Y aunque traté de conectarme a esa verdad, no lo podía hacer partiendo desde mi propia energía.

Lo que le da fuerza a este mensaje es la misma Conciencia Divina. Solo si una persona no se centra en esta conciencia, habrá incapacidad de comprensión.

Y ellos probaron este hecho cuando retiraron el canal abierto a la Conciencia Divina. Explicaron que ellos habían tratado de fomentar la comunicación con el solo contacto de nuestros seres. Sin embargo, no hay manera de recibir esta gran verdad, sino por medio de la conexión con la Conciencia Divina.

Pregunté si los Hermanos y yo nos comunicábamos de persona a persona de la misma manera en que dos personas se hablan la una a la otra en el plano terrenal. "¿Somos simplemente dos entidades que compartimos nuestra verdad con la del otro?", pregunté.

Así es. La verdad de la que disponemos aquí puede ser para tu propio bien, pero la verdad que emana de la Conciencia Divina y que te proporcionamos por medio del canal abierto es la verdad **absoluta**. Ninguno de nosotros puede retener esta verdad para sí mismo; lo mismo aplica colectivamente. Solamente Dios posee esta verdad. Utiliza este canal abierto y descubrirás una mina de oro de verdad.

Para recibir verdad proveniente de la Conciencia Divina, estos espíritus avanzados dicen que usted y yo debemos hacer tres cosas: primero, reconocer el principio de la Conciencia Divina. Esto significa que debemos integrar este concepto en nuestro yo interior, donde el Dios del Universo nos comunicará la verdad que seamos capaces de entender.

Segundo, tenemos que dedicarle tiempo al trabajo de establecer esta comunicación. No resulta al primer intento. Se debe practicar y se debe ser abierto. También tenemos que recurrir al poder de Dios para hacer que funcione. Y tercero, lo fundamental para hacer posible esta comunicación es nuestra aceptación de la realidad del otro plano de existencia.

Debes tener presente que este plano de existencia, invisible para los que viven en el plano terrenal, es real. Este plano de existencia pertenece a la verdad de que la vida continúa después de lo que ustedes llaman muerte. Esa es la parte final.

Hay, por supuesto, varias consideraciones que tener en cuenta al uno convertirse en un buen interlocutor con la Hermandad de Dios y, de ese modo, con la Conciencia Divina. Y como dice la Hermandad: "Existe igualmente el asunto de llegar a ser el tipo de persona que es capaz de vivir su vida siguiendo los dictados de su conciencia. Si crees tener que vivir tu vida según las condiciones de otras personas, este trabajo de escritura no podrá progresar". Según esta explicación, es necesario que haya confianza entre la fuente de la verdad –la Conciencia Divina– y su ser interior. Si usted y yo tenemos que considerar la opinión de otras personas antes de valorar el mensaje como algo real y verdadero, no recibiremos un mensaje claro.

Hay otro asunto que la Hermandad considera muy importante para la buena comunicación, y es nuestro entendimiento de lo que es el pensamiento.

El pensamiento está ligado a la sustancia. Es real, es vital y está abierto a cualquier sugerencia que provenga del individuo.

Otro punto que ellos mencionan es el de entender nuestra verdadera naturaleza, la cual está compuesta de espíritu, no de cuerpo.

El comunicarse con otras entidades que son espíritus es natural para la persona que acepte este punto de vista. El asunto sobre el espíritu –que es realidad– y el cuerpo –que es un bien transitorio– debe conducir a la aceptación de esta comunicación. El planear llegar a ser una persona que se expresa con autoridad está ligado a su resolución de aceptar la verdad de que cada uno de nosotros existimos.

Lograr esta comunicación requiere que tu pensamiento se ajuste al nuestro y luego, sea canalizado por medio de la Conciencia Divina. Tenemos que colocar nuestros pensamientos en la longitud de ondas apropiadas, en los verdaderos campos de contacto. Establecer este contacto es parte de nuestra tarea aquí.

La verdad o prueba de nuestro contacto es este libro. Esta transferencia de pensamiento de nosotros a la autora, y después al papel por medio de la máquina de escribir, nos da mucha alegría. Hemos aprendido mucho sobre cómo esta entidad (*Jean*) piensa.

Me estremecí, pues todavía no estoy acostumbrada a la

nitidez completa de la comunicación por medio del pensamiento.

Esta entidad a menudo trata de introducir sus propias creencias, pero nosotros le llamamos la atención. Le retiramos nuestro mensaje, y ahí se queda sin nada que decir. Después se da cuenta de que está escribiendo sus propios pensamientos. En ese momento, ella retrocede y tacha el material proveniente de sí misma, como ella misma puede comprobar.

Esta relación de maestro a estudiante toma el lugar de un contacto posible con la Conciencia Divina que ella, la autora, establecería por su cuenta, si pudiera. Si ella fuera capaz, ella copiaría estos mensajes que le damos simplemente viendo las palabras en su mente. Pero ella no las ve, por lo que se las transmitimos por medio de su yo Divino. Es imposible retraer a esta escritora del buen camino por medio de estos escritos. Ella está centrada en la verdadera longitud de onda que le proporciona el acceso a la Conciencia Divina. No hay nada que temer, pues ningún mal se esconde en la Conciencia Divina.

El mal al cual temen las entidades cuando se entregan a esta escritura son los espíritus a quienes ellas aceptan como fuentes de la verdad simplemente porque se encuentran en este plano de existencia. Pertenecer a este otro plano de existencia no confiere ninguna sabiduría en particular. Todos llegamos aquí.

Según este Hermano, si nosotros escribimos y escuchamos solamente a aquellas entidades espirituales del otro plano de existencia que no pertenecen a la Hermandad, no crecemos espiritualmente. La razón por la cual no aprendemos grandes verdades es que "es posible que muchos aquí sepan menos

que aquellos del plano terrenal". Aunque queramos estable-
cer contacto con algún ser querido que ha partido al otro pla-
no, esa persona no es la fuente de nuestra verdad absoluta.

El canal abierto formado por la Hermandad es el único
contacto externo en este plano que puede ayudar a alguien a entrar en contacto con la Conciencia Divina. Sin
embargo, hay otros aquí que pueden ser de mucha ayuda
para aquellos en el plano terrenal. Estos aportarán la verdad también, no la verdad de la Conciencia Divina, pero
sí la verdad que ellos han descubierto por sí mismos. Estas
entidades quieren ayudar a aquellos en el plano terrenal
debido a algún lazo establecido en la Tierra, alguna relación o contacto de amor. Ellos irán a aquellos que soliciten su ayuda.

Las entidades espirituales de las cuales usted y yo queremos
oír nos darán buenos consejos, según este espíritu avanza-
do. Ellos nos exhortarán a dirigirnos a Dios para encontrar
nuestra verdad y también expresarán su verdad si se les pide.
Pero no pueden quedarse indefinidamente con nosotros, ya
que deben continuar con su propia vida.

¿Ves? Ellos toman el lugar de la verdad de la Conciencia
Divina, y esto no puede durar por mucho tiempo. Ellos
simplemente toman la verdad que ellos conocen y ayudarán a la gente en el plano terrenal a dirigirse a Dios para
obtener sus respuestas. Tratan de precaverlos de pensamientos erróneos, de acciones y decisiones erróneas. Ellos
influencian las vidas hacia el bien, pero no deben quedarse por mucho tiempo. Estas entidades espirituales deben
dedicarse a su propia verdad, a su propia existencia, a su
propio trabajo. Tienen que seguir evolucionando, ¿ves?,
no solo ser niñeras para los seres del plano terrenal.

El trabajo del canal abierto trae consigo el dar a conocer la verdad que emana de la Conciencia Divina hacia las entidades que la solicitan. La Hermandad posee la llave, por decirlo así, de la verdad que liberará a la gente de las mentiras de su ser. Estos espíritus se consagran a la tarea de este trabajo en el plano terrenal.

La Hermandad está trabajando con la autora para transmitirle al resto del mundo esta información. Ella no dispone de la verdad completa de su entidad. Ella enseña lo que sabe, lo que vive, lo que ve en el mundo y siente en su interior. Estas son las cosas sobre las cuales ella ha escrito en artículos. Pero no ha podido escribir la verdad que aparece aquí porque no la conocía. La única vía por la que este escrito se realiza es su mente abierta, la cual está conectada a este canal, por el que fluye la verdad de la Conciencia Divina. Y enseguida ella lo plasma todo en el papel.

A veces, ella dirige la escritura haciendo preguntas. Luego, se producen las respuestas y explicaciones por escrito. La Hermandad diseñó el plan para el libro, el esquema, la verdad del libro. Pasar por encima de nuestra ayuda es imposible para esta entidad. No existe ninguna manera de hacerlo, ya que todavía no puede entrar en contacto con la Conciencia Divina por sí misma. Ella lo sabe, pues al principio de este capítulo, cerramos el canal, nos retiramos. No había nada que tuviera sentido, no había más que una serie de letras y palabras incoherentes. Esto es lo que este libro sería sin nuestro canal abierto, el cual le permite ponerse en contacto con la Conciencia Divina. Algún día podrá entrar en un estado avanzado, en el que establezca el contacto por su cuenta. Entonces formará el canal abierto por sí misma y se unirá a Dios.

Es imposible comenzar un proyecto como el descrito aquí, a menos que el individuo lo inicie desde el plano terrenal. Nadie será receptivo, a menos que crea en la posibilidad de ese contacto. La voluntad le confiere poder al proyecto. La autora de este libro le dedicó su energía a este proyecto, aunque muchas veces estuvo apenada de hablar de lo que estaba haciendo. Ella le dedicó tiempo a este proyecto todos los días. Ella consideraba que nuestra existencia en este plano era real, que teníamos un plan que revelarle, que cumpliríamos con nuestra promesa de ayudarla, tanto en todos sus problemas personales como en la redacción de este libro.

Muchas veces nos reunimos para solucionar problemas que cerraron el canal entre ella y nosotros. Estos problemas, si no se resuelven, tienden a bloquear el canal abierto porque parecen tomar un lugar importante en la vida de un individuo. Pero los problemas se pueden resolver por medio de la iluminación que emana de la Conciencia Divina, y la gente se libera de sus preocupaciones terrenales.

Enseñarle a esta persona a escribir de esta manera fue similar a enseñar a escribir a cualquier persona que no lo ha hecho antes. El contacto de su mano con el lápiz fue el primer paso. El contacto con la máquina de escribir fue el segundo. Quizás algún día hablemos de cara a cara si alguna vez ella aprende a sintonizarse con nosotros de tal manera que nos pueda ver con sus ojos terrenales. Esto es posible, pero ella no lo ha hecho todavía.

Dediquémonos ahora al tema de la comunicación de un espíritu a otro. Primero, captamos la atención de la autora y tratamos cualquier cosa que estuviera en su agenda o en la nuestra. Luego, pasamos a la verdad que proviene de la Conciencia Divina. Así es como funciona; es una progresión. Para llegar a ser prolífico en este tipo de escritura, uno tiene que tomar las palabras que llegan sin tratar de encontrarles el sentido en ese momento. Transpórtate mentalmente a un lugar lejano para que este canal abierto funcione. Nosotros le dimos a la escritora una imagen en la cual concentrarse. Le indicamos que visualizara la tierra suave y después el arado. "La Tierra", le dijimos, "eres tú". El arado es esta Hermandad. Esta es la manera en que te pondrás en contacto con nosotros, concentrándote en esta visualización, esa imagen en tu mente que excluye cualquier otro pensamiento". Debido a que esto funcionó efectivamente, comenzamos a comunicarnos.

Más adelante surgieron otros obstáculos. La autora se opuso a ciertas verdades que recibía. Nos transmitió sus objeciones por medio del pensamiento y la interrupción de la escritura, en medio de gran consternación. Ella llevaba en sí misma sus propias versiones de la verdad. La verdad que nosotros le dimos a conocer era nueva para ella, y ella se mostró molesta cuando comparamos nuestra verdad con lo que le habían enseñado a ella en su vida. Su mente quería rechazarla, corregirla, hacer que esa verdad estuviera conforme con lo que ella ya sabía. Se adhería a su verdad anterior, en vez de aceptar la verdad del entendimiento de la Hermandad y de la Conciencia Divina porque todavía no se había aliado completamente con nosotros.

Por un tiempo, fue imposible dejarla captar la verdadera verdad, de manera que tuvimos que comenzar con aconsejarla a un nivel personal. Después confió en nosotros.

Se dio cuenta de que nosotros solo estábamos interesados en ayudarla, no en desencaminarla. Debido a que la autora decidió seguir con nosotros, nos dio permiso para contactar su mente. Luego, se dirigió a la Conciencia Divina para mejorar. Finalmente, se entregó totalmente a la Conciencia Divina para recibir la maravillosa verdad que influenciará a todo el mundo para el bien.

Existe la verdad que Dios proporciona. Existe la verdad que cada persona cree poseer. La verdad de cada persona se compone de la verdad real y de la media verdad, siendo esta última procedente de la conciencia terrenal. Pero este ser se dirigió a nosotros para contactar a la Conciencia Divina porque quería dedicarse a este proyecto, al trabajo de la redacción de este libro. Cuando al principio le informamos por primera vez sobre el plan del libro, se quedó estupefacta. Nos dijo que no lo podía hacer, que no estaba calificada, que no tenía experiencia, pero tuvimos que pasar por encima de estos pensamientos.

Por lo tanto, le infundimos ánimo y la esperanza de que este libro se escribiría. Pero ella se resistió a este mensaje por mucho tiempo o, por lo menos, así parecía. Ella cree que esta resistencia fue de poca duración. Pero, con respecto a esto, no hay palabras para expresar nuestra alegría cuando ella finalmente cedió a nuestra petición y aceptó ser utilizada para este trabajo importante.

En esta fase de nuestra relación, yo estaba segura de que nadie me conocía mejor que los miembros de la Hermandad. Después de todo, ellos oían mis pensamientos. Me acerqué más y más a ellos para recibir su consejo y su orientación.

Ella comenzó a creer que nosotros éramos la fuente de la verdad, pero tuvimos que enseñarle que no era así.

Creía que éramos nosotros los que entrábamos en su mente con la verdad, y ella se comportaba como si ese fuera el caso. Pero finalmente le pudimos hacer comprender que nosotros somos los instrumentos, que no somos la Conciencia Divina.

Esta Conciencia extrae su verdad del Dios del Universo, del Dios ilimitado, del Dios que persigue firmemente las metas del bien absoluto. La idea de que nosotros le proporcionábamos la verdad la impulsó a escribir inadecuadamente por un tiempo. Luego, nosotros le dijimos gentilmente que la idea central era que la verdad provenía de Dios, no de nosotros ni tampoco de ella. Aquí no existe el ego. El ego se aparta cuando la verdad fluye.

Me acuerdo de ese día y de las palabras que me aclararon que Dios es la fuente. Quedé atónita, como bien recuerdo. Probablemente había empezado a colocar a la Hermandad en el mismo pedestal que Dios. De todas maneras, su suave exhortación me impulsó hacia el camino correcto, aunque estaba algo decepcionada por mi error.

No hay ningún pensamiento que entre en la mente de esta autora que no provenga de la Conciencia Divina.

Por supuesto, en mi vida cotidiana, lucho contra muchos pensamientos que indudablemente provienen de la conciencia terrenal.

La verdad tiene como único objetivo el de iluminar a la gente que la lea. Tenemos este libro en la mente, y benévolos pensamientos sobre su excelente trabajo la guían a lo largo de él. Pensamientos benévolos que le dan nuestra alabanza la desvían de la comprensión limitada de su propio trabajo hacia la entidad que está en contacto con la Conciencia Divina. La idea de que el pensamiento de esta autora se una al de nosotros para la realización de esta tarea persiste. Para lograr este objetivo, le damos sugerencias sobre su trabajo, tales como cuándo trabajar, cómo formular sus preguntas e incluso el comprarse una computadora para facilitar y acelerar el trabajo.

Fue la temeridad de esta autora, su audacia en retar las palabras, lo que contribuyó a hacer de este escrito una expresión de la verdad. Ella nos instó a que le diéramos más explicación, de manera que ella y el lector entendieran perfectamente. El libro se enriqueció debido a este procedimiento.

Esta escritora integra sus propios sentimientos en esta transferencia de pensamientos, pero ella no los vierte completamente en el libro. Hay veces en las que ella planea la redacción como para expresar la verdad en la que ella misma cree. Pero cuando esto no sucede, ella nos interroga para recibir más iluminación o para saber si ella ha anotado el pensamiento correctamente.

Ella es honesta en su planteamiento y, de esta manera, nosotros podemos enfocar nuestra atención en las preguntas que puedan surgir cuando los lectores lean este libro. Creemos que el libro se hace más digno de confianza de esta forma. A lo mejor, el lector desea tener más prueba sobre el trabajo de esta autora. ¿Estará escribiendo ella verdaderamente lo que nosotros estamos diciendo? Pensamos que esta es una pregunta natural. Pero es imposible probar nuestra posición. No, no podemos probar ninguna teoría, pues hay esta invisibilidad. Cuando la gente que vive en la Tierra aprenda a alinear su buena verdad con la verdad de Dios, puede que sea capaz de tener nuestro entendimiento. En cuanto a la prueba –trabajaremos en esto, por supuesto, pero hasta ahora no sabemos cómo–.

Al siguiente día, el mensaje nuevamente se tornó personal. El Hermano que se especializa en esta clase de correspondencia, el que tiene el poder de transmisión, tomó la palabra.

El canal abierto será nuestro mejor instrumento para comprender la verdad que la Conciencia Divina nos quiere dar. La Conciencia Divina expone la verdad que es eterna, o sea, la verdad que se transmite sin ningún pensamiento del ego, la verdad que nos conduce hacia la comprensión de la unidad con Dios. Suaves brisas que soplan hacia tu mente te proporcionan esta verdad. La verdad no llega de manera dura. No hay agonía de espíritu ni ningún pensamiento según el cual la verdad llegue por medio de la mente que esté vacía, a fin de que entidades espirituales penetren en tu ser para tomar el control. No hay nadie que tome el control sobre tu mente, ¿verdad?

Asentí. Siempre estoy en pleno control de mí misma; si no, ¿cómo podría dudar, cómo podría buscar más iluminación?

No existe ningún pensamiento sobre la verdad que surja en ti que no sea útil, ¿no?

Nuevamente, la respuesta es "no". La información que me llega le da brillo a mi vida en todo sentido.

La verdad abre tu mente a nuevas perspectivas, ¿no es así?

Sí, ciertamente tengo nuevas perspectivas que van más allá de lo que alguna vez consideré antes de que recibiera esta verdad. La perspectiva de la reencarnación es suficiente para ampliar mi horizonte, para suplirme con nuevas reflexiones con respecto a quién soy, para ayudarme a encontrarle sentido y propósito a mi vida.

Existe la entidad pensante –tú– que se consagra a esta escritura para mantener su vida dentro del patrón con el cual ha venido.

Con esta última afirmación sobre mí, mi intermediario se dirigió nuevamente al lector.

Esta es la verdad que queremos ofrecer en este libro. Esta comunicación, aunque consume tiempo, toma menos tiempo que las perdurables preocupaciones y tensiones que le quitan energía, le roban al cuerpo su vigor de reserva y agotan las fuerzas internas. Esta manera de vivir exige mucho más tiempo que el tiempo tomado aquí para comunicarnos. Este contacto te hará prosperar enseguida y te guiará hacia tu fortaleza más grande –Dios–. Este centro de verdad, esta Hermandad, este consejero, este maestro/consejero prometido por Cristo, este equipo de almas dedicadas a aportar su ayuda, se toma este momento para ofrecerte su contacto, su ayuda, su trabajo de equipo, a fin de que tu vida prospere.

Es imposible enseñarles a todos ustedes el manejo de esta comunicación como en una clase. La conexión que creamos entre tú y nuestro verdadero tono es el contacto individual que damos. Este contacto tiene que realizarse de persona a persona, no de clase a maestro o viceversa. Dedícate **personalmente** a esta comunicación.

Cada vez que alguien me pregunta cómo me llega esta información, trato, pero siempre sin éxito, de dar explicaciones satisfactorias. Sé lo que se siente, y ahora conozco la explicación que da la Hermandad. No obstante,…, como asegura este Consejero, la única manera de descubrirlo es tratando uno mismo.

— ❋ —

ESTIMULADORES DE PENSAMIENTOS

1. La verdad que se recibe de la Conciencia Divina es la verdad absoluta que solamente Dios posee. Para recibir esta mina de oro de verdades en acción:

- *reconozca el principio de la Conciencia Divina;*
- *dedíquele tiempo a este tipo de comunicación;*
- *acepte la realidad del próximo plano de existencia.*

2. ¿Cuál es el significado de cada una de las bases fundamentales mencionadas arriba? ¿Cómo puede usted aplicar cada una de ellas en su vida?

3. Es usted como individuo quien inicia la comunicación con la Hermandad. ¿Por qué es así?

4. Nuestros problemas, nuestras emociones, nuestro conocimiento de nuestro sentido común proveniente de la conciencia terrenal a veces obstruyen nuestra comunicación con la Hermandad. Si usted se encuentra con un obstáculo, ¿qué puede hacer para liberarse de este inmediatamente?

Trabajo Interno*: La comunicación con la Hermandad requiere de usted tiempo, práctica y honestidad. Este trabajo en equipo se hace de persona a persona. Ábrase plenamente pidiéndole a la Hermandad su ayuda para continuar su trabajo en equipo. (¿Ha hecho usted una petición para tener un maestro personal?)*

Aliarse con la Hermandad de Dios

14

La Hermandad recuerda los puntos claves de este libro y revela la manera en que el lector y la Hermandad pueden unirse para disfrutar de un servicio de ayuda enriquecedor y satisfactorio.

Te saludamos, querido lector, querida lectora, con un saludo paternal. Queremos formar parte de tu experiencia, del corazón de tu ser, de tu realidad. Pero no podemos comunicarnos contigo para ayudarte, a menos que tú confíes en nuestra palabra.

Confianza, la palabra clave implícita en todo lo que dice la Hermandad, posee la clave para lograr una relación exitosa entre nosotros y el Consejero. Un sinnúmero de veces ellos nos dicen que es nuestra responsabilidad pedir la ayuda que queremos obtener. **Nosotros tenemos que tomar la iniciativa** *de hacerles esa petición. No solamente una vez, usted entiende, sino cada vez que usted y yo queramos su* *ayuda, debemos pedírsela. Sin duda alguna, la petición activa el factor confianza que, a su vez, despierta la energía del universo en nombre de nosotros.*

Tiene que haber permiso para que la puerta se abra. Nadie puede imponerse a ti sin tu consentimiento. Para abrir la puerta, el pensamiento tiene que ser emitido para hacerle saber a la Hermandad que está autorizada para establecer el contacto. Luego, nosotros entramos.

Para llegar a ser parte de lo que mi intermediario llama "el proyecto de tiempo/espacio", tenemos que hacer tres cosas: primero, darle permiso a la Hermandad para entrar; segundo, presentarse con una mente abierta; tercero, mantener en su templo interior el pensamiento de que la Hermandad está presente. "Luego, estarás lista para recibir, y recibirás", me aseguran ellos.

Si esto parece demasiado simplificado, es porque tú seguramente no entiendes el poder del pensamiento. El pensamiento constituye el poder del universo. El pensamiento le da ímpetu al trabajo de equipo entre nosotros. El pensamiento transfiere su generoso don de poder al trabajo que la escritora y nosotros estamos haciendo en este libro. El pensamiento que emitimos establecerá el contacto vital con el pensamiento que sale a recibirlo para que el uno pueda intercambiar con el otro. Cuando estos dos pensamientos se encuentran, la comunicación tiene lugar.

Debes entender que, para lograr la verdad proveniente de la Conciencia Divina, nosotros formamos un canal abierto por medio del cual la comunicación se establece. Este canal de verdad se vacía de todo ego, de todo pensamiento temporal de ganancia o poder, y presenta la verdadera, la pura verdad de Dios. La verdad, por amor a la verdad, es lo que se necesita de aquellos que quieren ser receptores. El canal aporta la pureza de la verdad, las maravillosas revelaciones, la perfección que es la verdad para esa persona.

La comunicación, así como la describe mi maestro, es extraordinaria. Pero, si no integramos la verdad de la Conciencia Divina en nuestro yo interior, tendremos muy poco valor permanente. La gente a la que le he hablado sobre la verdad de la Conciencia Divina considera fascinante el que yo pueda recibir esta información de la manera como lo hago. De hecho, ellos se entusiasman con la comunicación misma. Con respecto al mensaje, lo encuentran muy interesante e, inclusive, bello. Sin embargo, mientras esas personas no establezcan contacto con la Hermandad por su propia cuenta y desarrollen la comunicación en los dos sentidos que las guiará a conectarse con el canal abierto, las palabras seguirán siendo extraordinarias, pero impersonales.

Introducir la verdad en tu conciencia requiere mucho esfuerzo, ya que la conciencia terrenal es fuerte y tú probablemente estás lleno de muchas cosas que provienen de esa conciencia. La verdad de la Conciencia Divina creará al mismo tiempo asombro y duda en ti; por consiguiente, debes trabajar duro para superar el escepticismo. Cuando consideres lo que exige la aceptación total de la verdad de la Conciencia Divina, puede que sucumbas.

La verdad de la Conciencia Divina ofrece mucho qué cosechar, pero hay muchas cosas de las cuales hay que deshacerse antes de la cosecha. Por lo tanto, acepta la advertencia de que la verdad de la Conciencia Divina te conducirá a otra verdad, a otro entendimiento. Toma la advertencia seriamente, pues puede que no desees que tu verdad sea sometida al efecto del canal abierto donde sería transformada para siempre.

Una vez que aceptes la verdad de la que hablamos, esta se convertirá en una verdad personal. Entonces serás una nueva verdad en expresión. Este contacto que te establecemos realinea tus conceptos de la verdad, a fin de que todo tu entendimiento sea re-creado. No existe la "pequeña verdad". Así que toma el asunto de la verdad en serio, no a la ligera.

Los miembros de la Hermandad insisten en que no se requiere ningún talento especial para aliarse con ellos. Si usted necesita pruebas, yo soy esa prueba, pues no poseo ni un hueso místico en mi cuerpo. Nunca he sido parte de una sesión de espiritistas ni he entrado alguna vez en ningún trance, lo que no quiere decir que condene alguna de estas prácticas. La Hermandad nos asegura que trabaja con todos los que la buscan.

Queremos venir a colocar la verdad de la que hablamos en la lista de tus deseos de mayor prioridad. Esta verdad, aunque sea consumidora, será la que te proporcionará la libertad completa que todos debemos tener para llegar a ser las entidades maravillosas que anhelamos ser.

Para ser el mejor receptor posible, estos espíritus avanzados listan varias cosas que podemos hacer. Primero, decirles la verdad. El decir la verdad puede parecer una cosa obvia de hacer, ya que ellos pueden leer nuestros pensamientos. No obstante, el decir la verdad genera un ambiente de sinceridad en el intercambio entre la Hermandad y nosotros.

Para ser honesto, tienes que decir sin rodeos qué es lo que quieres obtener de esta relación. Sé honesto al expresar cada deseo, cada pregunta, cada pensamiento, ya sea malo o bueno. Sé sincero contigo mismo.

Puede que experimentes un sentimiento de antagonismo si te parece difícil aceptar esta verdad. En este caso, exprésalo. Danos la oportunidad de hacer comentarios al respecto. **Nada de lo que consideres importante será rechazado por nosotros.** La verdad que recibirás como respuesta a tus afirmaciones y preguntas te ayudará a llevar una vida plena.

Al principio de mi relación con la Hermandad, me preguntaba cuánta verdad tendría yo derecho a esperar. Algunos días recibía páginas y páginas de información. ¿Estaba siendo egoísta? ¿Cuánto es suficiente?

No hay ninguna cantidad de verdad que sea la correcta para una determinada persona. Simplemente, le llega indefinidamente a cada persona que la pida. (*Aparentemente yo no estaba pidiendo más de lo que debía pedir*). La verdad de la Conciencia Divina nunca se acabará. La verdad de Dios forma parte del universo, de la inmensidad de lo que las entidades consideran los poderosos confines del espacio terrestre. En el plano terrenal, la gente cree que todo es limitado, pero Dios es ilimitado.

Esta relación entre nosotros le proporcionará estabilidad a tu vida. Le dará a tu vida su ancla. La Hermandad te quiere dar esta verdad y aún más, tanto como puedas recibir y manejar. Acuérdate de que no hay ningún límite. No existe ningún límite de tiempo ni ningún límite sobre la cantidad de verdad. Toma todo lo que quieras. ¿Qué preguntas tienes con respecto a tu vida? ¿Y en cuanto a tus relaciones? ¿Deseas orientación para tomar decisiones? ¿Quieres saber con quién te debes casar? La confianza que desarrolles en esta verdad te conducirá a más preguntas y a preguntas de mayor envergadura.

En cuanto a la comunicación con espíritus, ni siquiera consideres la posibilidad de que nuestra relación es otra cosa que una relación inspirada por Dios. Existe el espíritu y el cuerpo. El espíritu, la realidad de la personalidad, toma su verdad del espíritu. El cuerpo debe extraer su verdad de la conciencia terrenal. Pero ¿quién es el que ejerce el control aquí? ¿El espíritu o el cuerpo? El espíritu, por supuesto. El espíritu es el que domina dentro de este cuerpo, no el corazón, el hígado o la vejiga. Estos órganos solo existen para ayudar al cuerpo a funcionar. Ellos no toman el poder del control sobre el cuerpo. Ninguna otra persona manda sobre tu cuerpo, sino tú mismo. Entonces es el espíritu el que manda, ¿no? Entonces el espíritu debe obtener del espíritu la verdad que lo beneficiará. Por consiguiente, **el hablar de espíritu a espíritu es lo que habilita a un ser para entrar al reino de los grandes, no al reino de los necios.**

Este mundo invisible, este segundo plano de existencia, es real. Es inmutable. Pero ¿qué tiene inmutabilidad en el plano terrenal? ¡Nada! Por lo tanto, no le temas a lo que es espíritu. Témele a lo material, pues no tiene ninguna verdad que lo sostenga. El plano terrenal genera una evolución que extrae su verdad de lo transitorio. Así, lo transitorio se desvanecerá, se volverá obsoleto, se transformará en energía sin valor. Pero lo que es espíritu será la sustancia que estimulará cada pensamiento, cada concepto, cada entidad, con lo que es inmutable.

Con respecto a esto, la Hermandad completó la primera parte de este capítulo. Al siguiente día, los Hermanos comenzaron con el saludo habitual: "Es la Hermandad de Dios la que está aquí".

Hoy daremos el resto de la información para este capítulo. Anota esto. La Hermandad se consagra al trabajo que es parte de la Conciencia Divina. Nosotros, que somos estimulados por Cristo y estamos aliados con él, jugamos nuestro papel en llevarles la verdad del Dios del Universo a aquellos que la soliciten. No hay ninguna verdad en tu experiencia que te proporcionará lo que necesites como lo hará esta verdad proveniente de la Conciencia Divina. Entonces, ¿por qué vacilas? Acepta esta oferta ahora. Acepta esta verdad que te damos.

¡Juntos podemos lograr cualquier cosa! ¿Cuántas veces hemos oído usted y yo esta afirmación de esperanza? La Hermandad, sin embargo, amplía esta afirmación.

Con la verdad en sí mismos, los hombres y las mujeres asumirán con confianza las tareas más pesadas.

La primera afirmación refleja el pensamiento de la conciencia terrenal. La segunda, por supuesto, refleja la verdad de la Conciencia Divina. Aparentemente, existe una ley espiritual que se aplica aquí. Estos espíritus avanzados dicen que no hay manera de ir contra la ley que dice: "Cuando nos convertimos en una entidad centrada en la verdad, tomamos lo que necesitamos y queremos, y vivimos en perfecta libertad". Y esta es otra manera de decir que podemos, de verdad, lograr cualquier cosa —cuando nos unimos a la verdad de la Conciencia Divina—.

¿Cuántos de nosotros creemos que podemos lograr cualquier cosa que queramos? Un Hermano dice que solo unos pocos creen en esto.

Ellos acogen esta verdad con desconfianza. Trabajan

para ganar dinero, dicen ellos. Trabajan, adquieren cosas, se reagrupan con otros para lograr lo que quieren. Pero para llegar al seno del universo, creyendo en esta sustancia creativa que tomará su forma de acuerdo a su pensamiento, su creencia en ella, –bueno, esto es un tanto más difícil de aceptar–. Ellos trabajan en la ignorancia de lo que cualquier entidad puede lograr con sus poderes espirituales. Trabajan porque únicamente ven resultados terrenales con sus ojos. Pero también podrían ver resultados espirituales con sus ojos si manifestaran el poder que poseen.

Le dije a mi intermediario que tengo que ser una de esas personas descritas –una que no puede creer con confianza–. No obstante, le participé el profundo deseo de mi vida y terminé preguntando cómo podría manifestar ese deseo.

Este deseo que has expresado aquí se encuentra en tu templo interior, y tú manifestarás este deseo o cualquier cosa que consideres importante. Este pensamiento persistirá hasta convertirse en realidad, no en deuda, sino en resultados libres de deuda. ¡Obsérvalo cuidadosamente y verás qué pasará!

Mi deseo era tener una computadora, y al siguiente día alguien me ofreció una computadora para usar temporalmente.

Ninguna cosa que desees te será negada si es para tu bien. Este buen pensamiento se convertirá en realidad rápida o lentamente, dependiendo de cuán importante tú lo consideres. Los resultados llegan cuando una persona necesita la cosa deseada. Nada que entre en el yo Divino de cualquier persona será mentira. Nada que entre en el yo Divino de cualquiera será malo. Esta es la promesa que nosotros les hacemos a ustedes aquí —esta es nuestra verdad—. La Hermandad protege a quienes consagran sus vidas al Dios del Universo, a los que buscan ayuda, aunque tengan un concepto limitado de Dios.

Nosotros no medimos el grado de fe de los que nos piden ayuda. Tampoco damos ayuda solamente a personas "dignas". Nosotros les proporcionamos ayuda a todos los que abren su mente a esta posibilidad. Este Dios del Universo no es celoso. Él no insiste en que nos acerquemos a Él según el uno o los dos métodos que la religión diseñe. No se tiene que pasar por pruebas ni soportar sufrimiento. Dios no hace que cosas negativas sucedan en la vida; Él abre los ojos a todos con respecto al camino fácil, al maravilloso camino de la vida.

Estos espíritus avanzados prometen tomar en cuenta nuestro temperamento al darnos la verdad. Ninguno de nosotros, según este intermediario, puede aceptar la verdad entera de una sola vez.

Esta verdad debe ser suministrada gradualmente, a fin de que ustedes puedan crecer en etapas, paso a paso. Esta verdad es poderosa, pero no es peligrosa. La única razón de este suministro paulatino es la de ayudarles a ustedes a absorberla completamente e integrarla en la experiencia de sus vidas.

Pregunté si la verdad de la Conciencia Divina les llega a las entidades del próximo plano de existencia.

Esto es posible y sucede, pero no hay manera en que las entidades aquí puedan confiar en esta verdad que no sea naciendo en la Tierra con ella. La verdad no puede ser puesta a prueba aquí, y debe ser aceptada como se presenta. Creemos que el mejor plan es el de aprender la verdad mientras ustedes se encuentren en la vida terrenal. Así ustedes pueden ponerla en práctica en su vida cotidiana.

Sugerí que examináramos más detenidamente la verdad sobre la manifestación de los deseos y las necesidades con ayuda de la sustancia Divina. Pregunté si alguien en la Hermandad nos podría hablar de personas que, en vida terrenal, utilizaron la verdad para manifestar lo que necesitaban y deseaban.

Aquí está esta entidad que encarnó con esta verdad. La utilizaba siempre que tenía una necesidad o un deseo legítimo. Este Hermano manifestó su propia verdad en forma de bienes materiales. El pensamiento tomaba forma para él porque había encarnado creyendo en esta posibilidad.

Inquirí si hay gente en el plano terrenal ahora que manifieste cualquier cosa que necesite o desee de la manera que ellos describen —haciendo uso de la sustancia Divina para manifestar pensamientos—. Recibí una respuesta interesante y expresiva.

En el plano terrenal, los maestros que toman este mensaje seriamente transforman sus pensamientos en manifestaciones. Ellos simplemente integran el pensamiento de esta manifestación en el templo de su verdadero yo, en el yo Divino. Después toman conciencia del pensamiento que entra en este lugar santo. "Ahí está", le dicen al Dios del Universo. "Alíate conmigo en esta manifestación". Luego, se imaginan su deseo en su forma realizada. ¡Ahí está! El pensamiento se manifiesta.

Estos maestros traen sus propias entidades a este plano de vez en cuando y luego, se unen a la Hermandad para deshacerse de la nube que empaña sus pensamientos. Esta nube surge cuando ellos se alían demasiado con la conciencia terrenal. Tienen que "secarse", por decirlo así. La conciencia terrenal nubla la grandeza que produce la Conciencia Divina. La nube nos da una imagen en la que aquella obstruye las ideas brillantes y las convierte, con su humedad, en una papilla inconsistente, en formas de pensamientos no creadores. La nube representa el obstáculo que bloquea el pensamiento puro. La humedad toma una forma brillante que existe en la mente, entra en la conciencia de una entidad, se une a la Hermandad para dar el gran don de la sustancia y la transforma en la papilla de la que hablamos.

Mi intercomunicador habló de maestros que manifiestan sus pensamientos. ¿Y qué me dice de personas como el lector y yo misma?

Los que manifiestan cosas que necesitan y quieren transforman sus propios pensamientos en manifestación, pero no comparten este pensamiento con otros. Ellos tienen la voluntad de compartir, pero no hay nadie que le preste atención a ese pensamiento. La manifestación no es fácil de aceptar, pero es fácil de hacer.

Ten por cierto que la verdad es como el dócil toque de una planta que suavemente roza tu pierna o tu mano. Las plantas jóvenes y frágiles tienen que recibir atención y alimento para transformarse en plantas grandes que darán sombra o florecerán. La misma planta que te roza se marchitará y morirá si tú le aplicas la verdad de la conciencia terrenal según la cual esta planta es un hierbajo. Tú la rechazarás. La planta regresará a la Tierra sin ninguna verdad que expresar.

Nadie comprenderá mejor esta verdad que los que lean este libro. Puede que algunos lo lean para ridiculizarlo o para reírse o para asombrarse o aun para tomarlo de burla. Pero aquellos entre ustedes que integren esta verdad en su yo Divino se beneficiarán grandemente. Aquellos que piensen que el libro está lleno de tonterías se alejarán de la Conciencia Divina. No obstante, su espíritu absorberá más de esta verdad que lo que ellos mismos esperan. Siempre sobreviene iluminación cuando la verdad de la Conciencia Divina toca el espíritu de una persona.

Los creyentes que tratan de leer este libro para alinearse con el Dios del Universo se conectarán con la verdad de la Conciencia Divina. Luego, prosperarán de manera increíble. Se liberarán de sus medias verdades, de la verdad de la conciencia terrenal, que trata de envolverlos en su telaraña. Ellos se solidarizarán con este concepto de verdad para convertirse en Uno con Dios, y progresarán, evolucionarán y llegarán a ser lo que quieren ser.

Hay una noticia maravillosa en este libro que puede liberar a los seres humanos de su propia trampa en la vida terrenal. Ellos quieren una libertad más amplia y quieren una verdad maravillosa. La verdad de la Conciencia Divina tempera todo este episodio de la vida terrenal con sabiduría eterna. Un dulce pensamiento se une a ti para mejorar cada día. Sí, esta verdad le habla a la pura esperanza que mora en ti de ser eterno. Nosotros le hablamos a ese destello que constituye tu divinidad, ese destello que obtiene su resplandecimiento del Dios del Universo, ese destello que es el logro del crecimiento de tu espíritu en el transcurso de todas tus vidas.

Hermosas metáforas adecuadas enriquecen los mensajes que los Hermanos nos dan en este libro. Uno de estos mensajes utiliza dos estaciones del año, la primavera y el invierno, para explicar otra vez más el funcionamiento de la conciencia terrenal y la Conciencia Divina en nuestras vidas.

El invierno encierra el alma, pero la primavera le ofrece esperanza de nuevo. El invierno es la conciencia terrenal que vierte su verdad, media verdad y mentira sobre cada persona en vida terrenal. La primavera es la nueva verdad de la Conciencia Divina que te despierta del largo invierno de tristeza e insatisfacción. La verdad de la Conciencia Divina se alía con la Hermandad para presentársele a cada uno que la pida. Después le llegará la primavera a esa persona con una nueva esperanza y una nueva manifestación. Nunca más tendrá que haber un invierno del alma. Se terminará permanentemente una vez que la entidad se una a la Conciencia Divina.

Así toda la gente oiga la verdad o no, los miembros de la Hermandad nos aseguran que la verdad sigue siendo la verdad.

El principio, el Dios del Universo, la verdad que busca todo lo que le sea semejante, estará aquí para cada uno de ustedes que la desee. Es la esperanza de ustedes tener un mundo mejor y un mejor crecimiento del alma.

Algunos miembros de la Hermandad se preocupan porque mucha gente es reacia a alejarse de la conciencia terrenal. Se preguntan por qué algunos de nosotros vacilan en aceptar la oferta de que la Hermandad nos ayude a establecer esta conexión con Dios. Uno pregunta: "¿Por qué aún tienen necesidad de reflexionar al respecto?". Otro Hermano enumera las posibles razones de nuestra vacilación. Por ejemplo, se hace mención de Iglesias que pregonan que la verdad debe venir de sus propios púlpitos, con sus propios conceptos religiosos.

Si tú, lector, perteneces a algún grupo que pretenda

poseer toda la verdad, ten cuidado. No existe ningún límite a Dios. No hay manera de limitar la verdad Divina adoptando leyes religiosas y estableciendo doctrinas.

El Dios del Universo le lleva Su verdad a quienquiera que Él desee, a dondequiera que Él desee y cuando quiera que Él desee. Él comunica Su verdad a través de los que hablan con esta escritora. Él comunica Su verdad a aquellos que se alinean con la Conciencia Divina, y aquella no podrá ser impedida por ningún sacerdote, maestro o ministro. Él pasa por encima de esas Iglesias para presentar Su propia verdad a cada persona.

Es imposible llevarlos a ustedes a la cima de la experiencia de la unión con Dios. ¿A dónde iríamos? La experiencia que llega a aquellos que se unen a Dios es única. Esta es la verdad. No hay ninguna experiencia de una persona que se pueda aplicar a otra. He aquí el grado de individualidad de cada uno de nosotros.

Debido a nuestra singularidad, la verdad no puede ser difundida como semillas de césped. La verdad debe ser plantada en la tierra blanda, que eres tú. La semilla debe ser apropiada para tu suelo, para tu entendimiento. La verdad que te corresponde a ti tiene que serte dada personalmente. Esto es lo que significa tener una relación personal con Dios. La unidad con Dios se genera solamente en la persona, nunca en un acontecimiento en grupo.

No hay nada en el universo que se les niegue a quienes son Uno con Dios. Ellos tienen la libertad de viajar por el espacio, la libertad de pasear por el mundo si así lo desean, la libertad de cantar, bailar y llegar a ser maestros de las artes. Ellos dicen a los otros que nunca antes habían conocido la libertad absoluta. La comparan con un entendimiento más amplio, con la unión a la sustancia universal que transita a través de ellos con solo dar la orden.

Ellos nos dicen que alcanzan lo máximo en toda experiencia y en todo lo que emprenden. Ellos nunca se resisten a la unión con Dios. Cada vez llegan más arriba para sobresalir en las maravillosas expresiones que esta unidad puede originar.

Finalmente, mi intermediario dice que no hay palabras adecuadas para describir la unión con Dios. ¿Cómo pueden palabras expresarme a mí o a usted lo que no hemos vivido? Ellos insisten en que, así lo sepamos o no, queremos ser Uno con Dios porque, después de todo, somos retoños de Dios destinados a regresar a Él. Y finalmente:

Nada de lo que hagamos ahora podrá precisar este concepto. Ahí está la verdad, ahí está el lector, y ahí está la Hermandad esperando para ayudarte a ti, lector, a unirte a tu verdadera identidad, aquella que es parte de Dios.

— ❈ —

ESTIMULADORES DE PENSAMIENTOS

1. *"La confianza" posee la llave del éxito en nuestra relación Divina con nuestro Consejero, con la Hermandad. Nosotros iniciamos un pedido **cada vez** que necesitemos ayuda. ¿Por qué es nuestra confianza importante? ¿Por qué debemos pedir ayuda cada vez?*

2. La Hermandad afirma: "Para lograr la verdad proveniente de la Conciencia Divina, formamos el canal abierto por medio del cual se establece la conexión". ¿Cuáles son los tres pasos que lo prepararán a usted a recibir su canal abierto?

Trabajo Interior: *El pensamiento es el poder Divino en el universo. La Hermandad de Dios establece nuestra conexión con la Conciencia Divina acercándose a nuestro pensamiento y enlazándolo con el suyo. Sea totalmente honesto con sí mismo. Anote cada deseo, cada pregunta, cada pensamiento positivo o negativo que usted tenga. El plan consiste en entrar totalmente en el trabajo de equipo y unirse al Dios del Universo.*

Postdatas

Varias personas cuentan cómo establecieron su conexión con la Conciencia Divina y cómo esto ha cambiado sus vidas.

"La única manera de saberlo es intentándolo tú mismo", afirma la Hermandad. Poco después de que Conexión con la Conciencia Divina *fue publicada la primera vez en inglés (*The God-Mind Connection*) en 1987, la editorial* **Team Up** *comenzó a recibir cartas y llamadas telefónicas de lectores que habían seguido las sugerencias de la Hermandad y habían llegado a establecer una conexión consciente con la Conciencia Divina.*

A continuación, hay extractos y resúmenes de cartas y comentarios escogidos al azar y recibidos de todas partes de los Estados Unidos. Esos indican que existen numerosas maneras de enlazar la Conciencia Divina y de usar el conocimiento adquirido para mejorar su vida en la Tierra.

— ❈ —

Aquí está una carta de David, quien vive en el estado de Ohio:

"Mi experiencia con la Hermandad comenzó hace algunos años, pero yo no me había dado cuenta de lo que estaba pasando hasta apenas el año pasado. Me acuerdo de mi primera experiencia con la escritura hace más o menos cuatro años. No me acuerdo haber estado meditando o haciendo algo similar en ese tiempo, pero en un momento dado, cuando tuve un bloc de papel delante de mí, pensé que sería interesante escribir a un nivel subconsciente sin tener que pensar durante el proceso... No mucho de lo que escribí tenía sentido, pero entonces yo no quería devolverme a leer algo que no controlaba. Borré ese incidente de mi mente hasta el año pasado cuando sentí un deseo incontenible de tomar un lapicero durante una meditación. Y así comenzó todo. Las preguntas que hice me fueron respondidas.

Pensé para mí mismo que necesitaba saber más sobre este encuentro, y al siguiente día, fui a la librería de mi suburbio. Entré a la librería con un sensación extraña de que no me encontraba solo. No estaba seguro de lo que buscaba, pero tampoco quería pedirle ayuda al empleado. Saqué varios libros, los hojeé y los coloqué nuevamente en el estante. Llegué a un estante de libros que parecían atraerme. Escogí un libro y, sin ver el título y sin saber de qué tema se trataba, supe por el hormigueo en mi cuerpo que este ERA el libro que necesitaba. Cuando estaba pagando en la caja, miré el título del libro. Era *Conexión con la Conciencia Divina*.

Cuando llegué a casa, inmediatamente me dirigí hacia

mi bloc de papel. La respuesta que recibí fue: "Esta es la lectura que usted solicitó".

Hasta hace poco, he conversado con varios guías. (...) Actualmente me estoy esmerando por meditar con más disciplina y estoy obteniendo cada vez más claridad en mi conexión".

— ❀ —

Valerie, oriunda de Nueva York, dice que ha estado tra-bajando con los principios descritos en Conexión con la Conciencia Divina, *y decidió que ya era tiempo de poner en orden su vida económica. Ella le comunicó al Dios del Universo que quería prestarle servicio a la gente, que a ella le gustaba hablar, que necesitaba no más de tres días a la sema-na para trabajar, y que quería un número "X" de dólares. Su tono fue fuerte y ella enfatizó que esperaba lo que había pedido. Fue a la iglesia y en el santuario expresó los pedidos mencionados. Regresó a su apartamento, cerró la puerta y el teléfono sonó. Era una mujer que se identificó como dueña de un negocio de consultores que dan orientación profesio-nal, y que trabajaba con pequeñas empresas que necesitaban organizarse mejor. Dijo que había oído de Valerie y que le gustaría hablar con ella sobre un empleo vacante que tenía. No obstante, ella dijo que no podría contratar a nadie por tiempo completo. ¿Aceptaría Valerie trabajar los lunes, miér-coles y viernes por un determinado salario? Era perfecto.*

Además, Valerie expresó su inquietud por no poseer la competencia necesaria para hacerle frente a todas las situa-ciones. Pero ella llegó a la conclusión de que podría usar su

Relación Divina para conectarse con esa Sabiduría extraor-
dinaria. Dice que, a veces, ella se oía hablar sobre temas de
los cuales ella no sabía nada —salvo a través de su conexión
con la Conciencia Divina—.

— ❋ —

Bob, proveniente de Arizona, dijo: "Emprendí la experiencia de la comunicación espiritual con una gran porción de duda. Todavía tengo algunas dudas, pero eso no
ha cambiado la naturaleza de la experiencia, hasta donde
puedo juzgar... Durante varios años yo simplemente experimenté (a lo mejor, cada dos o tres meses). La simple
curiosidad motivaba mis preguntas y las respuestas eran
cortas. Algunas eran graciosas. Sin embargo, yo no podía
saber de antemano lo que el lapicero escribiría cuando
comenzaba a moverse.

En 1987 leí *Conexión con la Conciencia Divina* y luego,
utilicé mi lapicero para hacer preguntas sobre la Hermandad. En un momento dado, escribí: `Nunca he escrito
con tanta claridad´. La respuesta fue: `Nunca has sido tan
abierto´.

Me quedé intrigado debido al tipo diferente de información que usted (Sra. Jean Foster) recibe, comparado
con lo que yo recibo. Hice el comentario: `La Sra. Foster
tiene mucho que decir con respecto a la gloria de Dios.
Parece que yo recibo mensajes más pragmáticos´.

La respuesta: `Ella está sumamente admirada por el
poder de Dios y la fortaleza de la Hermandad. Ella está
inspirada por esta realidad maravillosa. Tú no buscas re-

velaciones; más bien tú eres, como siempre, la persona de acción que busca qué hacer. Nosotros no te hablamos de maravillas, sino de maneras de actuar. Tú oyes lo que necesitas oír. No eres el tipo de persona que alaba la gloria de Dios. Ella es... Acuérdate de que cada quien controla lo que desea utilizar. Si te opones a abrir tu mente, no podrás recibirlo y nunca sabrás lo que perdiste. Cada quien se crea su propio mundo. Aprende a aceptar el poder de Dios; de lo contrario, ten la certeza de que tus poderes limitados serán todo lo que tendrás en toda tu existencia. Has descubierto la gran fuente por casualidad. Conócela ahora por medio de tu propia voluntad´.

Especulé bastante sobre la fuente de la comunicación. ¿Estaba escribiendo lo que otra entidad estaba pensando o me estaba simplemente sintonizando con mi propio subconsciente? En otras ocasiones, escribí: `Sigo especulando que yo mismo proporciono los pensamientos que anoto´ y `Supongo que considero casi imposible creer en la comunicación con el plano espiritual´.

La respuesta: `Tú eres de verdad desconfiado... Si es tu subconsciente el que ha creado el conjunto de verdades que has obtenido, ha sido efectivamente inspirándote. El que tú recibas la verdad, ya sea por medio de la inspiración o a través de la comunicación de espíritu a espíritu, equivale a lo mismo. Tus dudas pueden impedir que otros beneficios se manifiesten, pero esta duda en particular no interferirá en tu aprendizaje´´´.

❋

Una mujer joven, Roberta, que antes vivía en la ciudad de Nueva York, pero que ahora reside en California, relata que su vida ha cambiado increíblemente desde que comenzó –deliberada y conscientemente– a utilizar la conexión con la Conciencia Divina. Como ejemplo, mencionó un puesto de trabajo que quería obtener en Los Ángeles. Ella es productora de anuncios publicitarios de televisión. Su guía le dijo que preparara sus maletas. Sin embargo, ella se dijo que ni siquiera sabía todavía si le iban a dar el puesto de trabajo deseado. Nuevamente, le llegó el consejo de que preparara su equipaje. Entonces preparó su valija y la colocó en la esquina cerca de la puerta de entrada de su apartamento en Nueva York. Dos semanas y medias después, recibió una llamada en la que se le decía que se trasladara a Los Ángeles. Pero esto no es todo. Ella también le pidió a la Hermandad que la ayudara a mantener su proyecto bajo el límite de su presupuesto, lo cual le resultó por una cantidad de más de $ 3.000 por debajo del monto previsto.

— ❋ —

John, otro residente de Nueva York, escribió lo siguiente:
"Leí *Conexión con la Conciencia Divina* hace alrededor de 18 meses y quedé fascinado con ese libro. Luego, intenté establecer mi propio contacto personal con la Hermandad. Me sorprendí y me alegré al poderlo hacer. Desde ese entonces, ¡la ayuda de la Hermandad y las instrucciones de usted le han dado verdaderamente una gran nueva dimensión a mi vida!

Desde que comenzó esta aventura, he tenido una experiencia de aprendizaje realmente extraordinaria. No puedo decir que tuve éxito total inmediatamente, pero los Hermanos trabajaron pacientemente conmigo, y, a medida que el tiempo pasa, continúo descubriendo nuevas cosas maravillosas casi diariamente... Fue cuando comencé por primera vez a trabajar con la Hermandad que sentí que estaba progresando verdaderamente en la profunda sed de espiritualidad que siempre he tenido".

— ✵ —

Un joven con SIDA ha compartido con nosotros una historia muy positiva con respecto a su vida. Él había vivido con un hombre a quien amó hasta el día de su muerte. Durante los últimos días de la vida de su amigo sentimental, este sufrió mucho y numerosos medicamentos le tuvieron que ser suministrados. Él dice que cuando se sentó al lado de la cama de su amigo, concentrado en su templo interior y esperando orientación, fue envuelto en una calidez resplandeciente. También comprendió que podía extender esa calidez a su amigo, y así lo hizo. Desde ese momento, su amigo no necesitó más medicamentos y no sufrió más. Desde la muerte de su amigo, esta persona ha trabajado como miembro de un hospicio de voluntarios que ayudan a los moribundos porque, como él dice, "parezco tener algún poder curador en mis manos".

Este mismo hombre dijo que posee un libro en su mente, el cual quería comenzar a escribir, pero que luego tuvo que abandonar debido a su propia condición física. "Estoy en el crepúsculo de mi vida", dijo sin emoción. "Me dijeron que el libro ya ha sido escrito en el próximo plano de existencia

y que se lo han asignado a otra persona. Y eso está bien así".
Repetidas veces dijo que su vida había sido muy buena y que
él había sido muy afortunado.

— ❋ —

Un hombre proveniente del estado de Michigan, llamado
Frank, escribió:

"Mis meditaciones han sido buenas. Tengo que admitir que por un período de tres meses me entregué al desánimo característico de la conciencia terrenal, pero después comencé de nuevo a darle regularmente más atención a los compromisos de mi templo interior. Cuando medito, recibo información, generalmente en flujo continuo, pero cuando voy a anotarlo, la información cesa de llegar hasta que termino. Tal vez tengo que aprender a escribir y a escuchar simultáneamente. El material que recibo es bueno, pero no posee el esplendor de la verdad Divina. Se parece más al conjunto de los mejores pensamientos que he leído u oído o tenido –a menudo de manera muy elegante–. Pero no es nada que me conmueva a SABER que se trata de la Conciencia Divina. Se parece a la muy buena conciencia de Frank.

Una vez cuando meditaba, me dije que me relajara e inmediatamente oí: `No te relajes, más bien trata de concentrar todas las habilidades de tu ser. Metas, ¿cuáles son tus metas? ¿Cómo podemos trabajar contigo si no tienes metas? Necesitamos un espíritu con un objetivo. No necesitamos un objetivo en particular, cualquiera sirve, pero comienza por tenerlo.'".

— ❊ —

De Washington, D.C. llegó una carta de Deborah.

"Mientras visitaba a la familia de mi padre en Washington, D.C. el Día de Acción de Gracias, estacioné mi camión fuera de su casa. Contenía todo lo que poseo, pues me había ido de Pensilvania y estaba esperando que mi cuarto estuviera listo en Washington.

Esa mañana del Día de Gracias, salí de la casa y me encontré con que mi camión y todas mis pertenencias habían desaparecido. Después de un momento de incredulidad y estupefacción, sentí una calma y una serenidad interior. Hasta el policía y la empleada del seguro hicieron comentarios con respecto a mi amabilidad. Me dijeron que la gente generalmente no es agradable en situaciones de esa índole.

Le pedí a la gente en la casa que no se sintiera mal con respecto al robo. Y pedí (por medio de mi conexión con la Conciencia Divina) que todas mis cosas me fueran devueltas sin daño alguno y en perfecto orden. Me acordé de no limitar mi concepto de Dios. Además, miré en mi interior para ver cómo me sentía sin todas estas cosas materiales y me sentí absolutamente perfecta. ¡Qué extraño era eso! No experimenté ningún sentimiento de carencia ni de necesidad.

En menos de cuarenta y ocho horas, mi camión había regresado a mi posesión con solo unas cosas faltantes. Ninguna ventana había sido rota, ningún cable había sido dañado y el motor no había sido estropeado. Todo estaba en perfecto orden. La policía no podía comprenderlo. Yo sí".

—❋—

Kathleen, de Nueva Jersey, escribió esto:

"Mi hija se bajó del autobús del colegio el otro día y dijo: 'Mami, aseguré a mi Compañero (Dios) en mi asiento (conmigo) con el cinturón de seguridad. Creo de verdad en mi Compañero. Él está ahí para mí'. Luego, más tarde, cuando nos íbamos en el carro, me dijo: 'Discúlpame por un momento. Voy a aliarme con Dios ahora'. ¡Ay, si todos tuviéramos la certeza de un infante de cinco años!

Mientras buscaba establecer mi propio diálogo con la Hermandad de Dios, me percaté de unos mensajes que flotaban en mi mente. ¿De dónde venían? ¿Provenían verdaderamente de la Hermandad? O ¿provenían de mi propio ego?

Cerré los ojos, medité por corto tiempo y pedí que me enviaran una señal. Si los pensamientos provenían realmente de la Hermandad, yo pedí que una flor de cinco pétalos se me atravesara por el camino ese mismo día. En ese mismo momento, vi a mi hija saliendo de la escuela y salí a recibirla. Ahí estaba ella con una flor de cinco pétalos en su mano y me dijo: 'Mami, esta flor es un regalo para ti.'".

—❋—

Según Timbur, de Nueva York, "Lo mejor para mí es mantener un diálogo con mi voz interior, con la Hermandad (quiero decir, hablando). Si yo cuestiono cualquier cosa que se diga o yo sienta intuitivamente, mi personalidad o mi ego negativo se retira o simplemente no suena tan claro como la Verdad.

Me doy cuenta a veces de que lo que me viene a la mente es lástima por mí mismo. O a veces me veo como mártir o como víctima, como si estos dos estados hubieran salido a perseguirme. Pero al indagar, al preguntarle a la Hermandad: `¿qué está pasando aquí? ¿De qué se trata este asunto (pensamientos negativos)?´, me abro a la Conciencia Divina y recibo mi propia verdad. Encuentro mucho de qué hablar con mis guías, con la Hermandad. Tengo ahora la confianza de la cual habla la Hermandad y comprendo lo que significa para mí conocer a Dios como mi Compañero".

— ✳ —

Carol y Dan son una pareja casada del estado de Ohio. Estas dos personas son ejemplos de los muchos que han dado el gran paso de haberse acogido al uso consciente de la conexión con la Conciencia Divina. Los dos se comunican con la Hermandad y reciben su propia verdad.

En una conversación de cara a cara con la Sra. Jean Foster, Dan pidió respuestas a sus numerosas preguntas a la Hermandad por medio de la Sra. Foster. Él le pidió a ella que usara su computadora, la cual tenía el mismo software que usaba la Sra. Foster. "Así podemos avanzar más rápido y recibir más información", dijo él. No obstante, las respuestas no fueron tan claras como él esperaba. Con un gran suspiro y una mueca, cruzó sus brazos sobre su pecho y preguntó por qué las respuestas no eran claras. "Quiero claridad", insistió. Ahí mismo, Jean recibió este mensaje: "Si la escritora es tan amable de pararse y cederle el puesto al que hace las preguntas, él obtendrá su claridad". En medio de protestas, porque él no estaba listo, los dos intercambiaron asientos.

Jean insistía en que Dan podía recibir sus propios mensajes, que él podía comunicarse tan bien como ella –aun mejor porque ya no estaba dependiendo de ningún intermediario–. Él mecanografió su pregunta, y los dos esperaron las respuestas. Lentamente, Dan comenzó a dactilografiar sus respuestas diligentemente. Sí, eran claras; sí, desde ahora en adelante él era capaz de establecer su propio diálogo.

Carol también quería entrar en diálogo con la Hermandad, pues tenía muchas montañas personales qué mover y muchas situaciones en su vida que requerían verdadera Sabiduría, verdadero trabajo en equipo con Dios. Igual que Dan, le pidió a Jean que le diera sus respuestas, e igual que Dan, encontró que las respuestas eran difíciles de interpretar.

¿Por qué necesitan interpretación las respuestas que llegan por medio de Jean para otros? ¿Por qué están llenas de simbolismo y por qué carecen de claridad? Porque nadie puede estar al tanto de los secretos del corazón y del espíritu de otro. La Sra. Foster puede ayudar a esclarecer algunos puntos, pero ella no puede aportar lo que esa persona está realmente buscando. Lo que todos buscamos es la ayuda de Dios como Compañero para obtener nuestra verdad personal. Y la encontramos dirigiéndonos a Dios o pidiéndole a la Hermandad de Dios que nos ayude.

Cuando Carol, por insistencia de la Sra. Foster, se concentró en el pensamiento de oír la voz interior, la voz le llegó claramente. ¡Qué ternura, qué trabajo en equipo, qué verdad pura resultó después!

— ❊ —

Una persona que es propietaria de una boutique recurrió a su guía interior, a la Hermandad, buscando una respuesta con respecto a su padre que tenía el mal de Alzheimer. Aunque su condición es estable, tiene cierta pérdida de memoria. La madre de la propietaria de la boutique decía que su esposo siempre miraba hacia abajo cuando caminaba y que ella no se cansaba de decirle que viera hacia delante. El guía de la hija le dijo que su padre le teme a la muerte y que no quita los ojos del suelo para mantenerse en contacto con la Tierra. Con esta información, su madre, desde ahora en adelante, puede serle más útil a él, y ella puede comprender mejor esa parte de él que no se puede expresar.

— ❊ —

Bonnie, de Nueva York, dice que su conexión con la Conciencia Divina la ayudó a confirmar una importante decisión referente a su carrera. Se había inscrito en una escuela de derecho donde se especializó en derecho corporativo. A ella le pareció el trabajo fácil, pero cada vez se fue poniendo más inquieta y una presión interna la empujaba a abandonar el derecho. Había invertido tiempo y dinero para obtener este diploma, y el dejar las leyes no le parecía una alternativa plausible.

Durante una feria local, Bonnie le pidió a la Hermandad: "Déjenme ganar este juego de lanzar aros, si es que debo seguir los dictados de mi corazón". Ganó dos veces. Asombrada, pidió ganar algo más. Inmediatamente su nombre fue anunciado. Se ganó una planta. ¿Estaba satisfecha? Todavía no.

El día de la fecha tope para la renuncia, se dirigió a la escuela, todavía indecisa. Se paró en su librería favorita, hojeó varios libros y "dio con" un libro titulado *Una nación de abogados*. Era un poema en forma de prosa que sacaba a la luz las verdaderas razones que Bonnie tenía en su corazón para no continuar en la escuela de derecho. En ese momento, desapareció su indecisión, y ella se retiró confiadamente.

— ❊ —

"La meditación es la base del crecimiento espiritual", dice Roger, de Nueva York. Por medio de la meditación, él se unió a Dios para manejar su negocio y para vivir su vida. Su comunicación, frecuentemente llevada a cabo por medio de metáforas, es precisa y productiva.

— ❊ —

Toda su vida, Evie, quien reside en el estado de Missouri, había tenido experiencias del tipo que ella y otros llamaban "milagros". Ahora ella se da cuenta de que estas experiencias no tienen que darse en raras ocasiones, que pueden originarse en cualquier momento que ella abra

conscientemente su mente a la conexión con la Conciencia Divina y pida ayuda. He aquí el resumen de lo que la
conexión con la Conciencia Divina hace por ella:

- le proporciona compañía;
- suaviza las asperezas de su vida;
- la cura y le aporta equilibrio a todo su ser;
- se comunica con ella de ambas maneras:
  por medio del diálogo hablado y por el escrito;

- no la juzga;
- la aconseja y la orienta;
- la inspira y la ayuda a acrecentar sus talentos;
- le da objetivo y sentido a su vida;
- la ayuda a darse cuenta de que hay una solución
  para cualquier situación;
- le aporta fuerza y energía para ayudarla a llevar
  a cabo su plan Divino.

— ❈ —

*Betty, oriunda de California, sabe en su corazón que la
Hermandad de Dios es la extensión del Espíritu Santo en la
Tierra. Sabe que los miembros de la Hermandad son fieles
a su promesa de armonizarla con el amor, la protección y el
poder del Dios del Universo. Así que ella ha colocado en su
oficina una silla al lado de la suya para su Compañero Dios.
Habla con su Compañero Dios sobre su negocio, su vida y
sus planes personales. Aunque no oye ninguna voz interior,
ella le confía todos estos asuntos al trabajo en equipo de la
energía Divina. "Hago todo lo que puedo", le explica a su
Compañero. "Ahora, te pongo el resto en tus manos".*

Los resultados que Betty y otras personas ven en sus vidas los convencen de la necesidad de consagrarse al trabajo en equipo para llevar una vida alegre y exitosa. Ella cree que lo fundamental es la manifestación. Si nada cambia para el bien en su vida, si las situaciones dificultosas no se arreglan, si la prosperidad no llega, entonces, cree Betty, no se está colaborando con el trabajo en equipo. "¡Funciona!", dice ella. "Verdaderamente funciona".

— ✳ —

Ruby, del estado de Michigan, dice: "Cada vez que confronto un reto, independientemente de lo difícil que sea, yo sé que, cuando pido ayuda, activo la fuerza (lo que Dios ES) a mi favor".

— ✳ —

Sharrel, de Kansas, dijo que había estado intentando anotar los pensamientos provenientes de la Conciencia Divina por más de un año, cuando leyó `Conexión con la Conciencia Divina´. Aun así no tuvo mucho éxito, aunque seguía las instrucciones dadas en el libro. Pero siguió intentándolo, y pronto las palabras llegaron fluidamente. Desde ese comienzo, Sharrel ha trabajado con mucha gente para iniciarlos en la práctica de recibir información de la Hermandad. Sharrel dice que la persona verdaderamente debe querer establecer esta conexión y tener el deseo sincero de vivir una vida a un nivel espiritual.

Nettie, de Ohio, anunció su conexión con la Conciencia Divina con gran entusiasmo. Ella escribió: "La mejor noticia para mí es que me he conectado con la Hermandad. Al principio, eran mis ansiedades terrenales las que me despertaban a tempranas horas de la mañana y me sacaban de la cama. En vez de pasearme por la casa y retorcerme las manos de la ansiedad, me senté frente a la computadora y comencé a mecanografiar. En unos días, desaparecieron mis ansiedades. Todavía me levanto a esas tempranas horas y escribo a máquina los mensajes que me llegan...".

No todo el mundo dialoga en el papel. Betty, de Missouri, dijo que había tratado de dar un paso importante con respecto a la expansión de su conciencia por un tiempo antes de que sucediera. Ella sintió y vio enseguida una "presencia" alta en su casa. Estaba ahí para ayudarla, para aconsejarla, para hacer las cosas que la Hermandad hace por y con nosotros. La mayoría de las veces, recibe imágenes, en vez de palabras, pues ella dice que las palabras la frenan. Las imágenes pueden tener al mismo tiempo una docena de matices –mucho menos incómodo que las palabras–.

Laura, de Colorado, escribió para decir: "La conexión que yo he hecho ha realzado un contacto anterior, ayudando a aportar más comprensión a la asombrosa comunicación que he mantenido. Ahora las cosas son siempre más claras, se me da orientación útil, y más amor y apoyo están a mi alcance.

— ❋ —

Annie Kirkwood, quien escribió el bien vendido libro *El Mensaje de la Virgen al Mundo*, se comunicó con la Hermandad de Dios casi inmediatamente después de haber leído *Conexión con la Conciencia Divina*. Ella cree que Dios es su Compañero y que la Hermandad es la extensión del Espíritu Santo que la ayuda a ella y a su familia en sus vidas. Comenzó anotando mensajes para su familia y la de su esposo Byron. La familia se reunía los domingos por las tardes para leer los mensajes y hablar de ellos. Sus vidas cambiaron; las relaciones mejoraron. Antes de que pasara mucho tiempo, María, madre de Jesucristo, le pidió a Annie, por medio de su conexión con la Conciencia Divina, que escribiera el mensaje de María, aunque, como Annie le dijo a María, "Yo no soy católica". La respuesta de María fue: "Yo tampoco".

— ❋ —

Gary, de Nueva Jersey, "oyó" mensajes en forma de pensamientos, pero dudaba si estos pensamientos pudieran provenir de su Compañero Dios o de la Hermandad. Un día, mientras se trasladaba en tren a la ciudad de

Nueva York, pidió una señal que le diera a entender que esos pensamientos provenían verdaderamente de Dios. En su parada, un hombre salió del tren delante de él y descuidadamente dejó caer su periódico al suelo. Gary rápidamente lo recogió para botarlo en el contenedor de basura. En el momento preciso de dejar caer el periódico en el contenedor, se dio cuenta de que su dedo pulgar se encontraba encima de la sección del horóscopo y además, sobre Piscis, su signo. Aquí está lo que él recuerda que decía: "Tendrá conversaciones importantes y usted no será capaz de resistir la voz, pues viene de su interior".

— ❀ —

Judy, de Ohio, nos relata sobre su oración en la que pedía ayuda para encontrar a un hombre bueno para su joven perro de raza labrador. El perro tenía los espíritus demasiado altos para el criterio de tres de sus hijos. Colocó un anuncio en el periódico y uno en un mercado de granjeros, y esperó. Después de dos semanas recibió una llamada. Pronto el hombre ideal para el labrador llegó a la casa, y el perro se metió en su camioneta confiadamente. Ella añadió: "En mi corazón una voz me decía: 'Si Dios puede encontrar la mejor situación para un perro, puedes estar segura de que Dios la puede encontrar para ti también'. De esta manera, se me aseguró que mi esposo y yo encontraríamos lo que buscábamos en nuestras vidas —nuestros roles, nuestro lugar verdadero donde serviríamos a otros y encontraríamos satisfacción espiritual—".

— ❋ —

Joan, de Nueva Jersey, nos escribió que encontró a su hija de tres años sentada en las escaleras, viendo absorta por la ventana hacia afuera. Le preguntó a la niña lo que estaba haciendo. Su rápida respuesta fue: "Estoy simplemente creyendo". Su afirmación, dicha de todo corazón, marca el principio de su conocimiento consciente de la conexión con la Conciencia Divina. Y así es con todos nosotros.

— ❋ —

Glosario

A

alma: Vea "yo interior".

almas avanzadas: Todas las almas (entidades espirituales) vienen al planeta Tierra con planes de crecimiento. Aquellas que ejecutan su plan durante su vida terrenal son denominadas "almas avanzadas".

amor: Esto no puede ser concebido en términos humanos, pues la experiencia nos da ideas erróneas sobre el amor. El afecto es la máxima expresión espiritual de apoyo y benevolencia total. El amor está al servicio del afecto y le hace la reverencia a la máxima expresión porque "el amor" da y recibe. El afecto solamente da.

amor ágape: Existen varios tipos de amor. La palabra "ágape" se refiere al amor entre personas que se ayudan mutuamente, y no a un amor entre personas que se dan afecto.

B

Biblia: Un conjunto de relatos, historias y recuerdos que reflejan la progresión del pensamiento sobre Dios. Es una guía para la vida de inspiración Divina, pero no constituye la única palabra de Dios. La palabra de Dios le llega a cada individuo como un flujo de sabiduría, y la Biblia –en el mejor de los casos– es solo una fuente de sabiduría entre muchas otras. Dios –una energía viviente, palpitante y vibrante– es la Fuente de la Verdad Pura, no una Biblia, cualquier Biblia.

C

canal: Cualquier persona puede ser un canal por medio del cual la Conciencia Divina vierte verdad individual y eterna. Es más, también un individuo que es considerado ser "un canal" únicamente está probando que la comunicación es posible entre los seres del plano terrenal y aquellos del próximo plano de existencia.

canal abierto: El instrumento por medio del cual la Hermandad de Dios trabaja con cada individuo para ayudar a establecer la conexión con la Conciencia Divina.

Conciencia Divina: La conciencia ilimitada que produce el flujo de sabiduría a la cual cualquier persona se puede conectar se denomina "Conciencia Divina". Esta verdad que circula continuamente desea entrar en diálogo con las mentes y los espíritus individuales que buscan unirse al Dios del Universo. En este texto, la verdad proveniente de la Conciencia Divina se llama "peterstet" –lo que quiere decir: aquello que satisface perfectamente, aquello que nunca se acaba–.

conciencia terrenal: La conciencia terrenal no va más allá del límite hasta donde el hombre ha llegado. Prueba sus creencias por medio de sustancia material, datos históricos, observaciones científicas. La conciencia terrenal igualmente incorpora la religión como un esfuerzo digno para alcanzar a Dios. Pero Dios ha sido degradado a aquel que mantiene a la sociedad unida por medio de valores, y no es considerado una Entidad personal Cuya grandeza infinita aún tiene que ser probada en vidas individuales.

crecimiento: Cuando una persona acepta la verdad y la vive, surge en ella el crecimiento espiritual. Este crecimiento es lo que llega a ser la parte permanente del yo espiritual.

Cristo: Un concepto de unión con Dios. Cada persona puede considerarse el Cristo en el sentido de esa unión. Cuando reconocemos al Cristo, reconocemos nuestra unidad con Dios.

D

diablo: El promovedor del mal en el ser humano, un concepto que dice que el hombre está preso entre dos poderes, Dios y el malvado o diablo. Ningún poder puede existir fuera de Dios, a menos que el ser le atribuya ese poder. Por lo consiguiente, el "diablo" es solo una manera de delegar la responsabilidad a otro.

Dios del Universo: Esta designación tiene el propósito de abrir su concepto de Dios hasta el alcance de las posibilidades de su mente. El concepto de Dios tiene que ser ampliado si usted quiere realizar sus expectativas. Mientras más limitado sea el concepto de Dios, más limitadas serán sus esperanzas. Por eso, la Hermandad trata de ayudar a cada individuo a abrir su espíritu a todo lo que Dios ES.

Dios el Padre, Dios del Juicio, etc.: Estos son términos que indican la dimensión del concepto que la gente tiene de Dios. Palabras pospuestas a "Dios" indican lo que la gente cree.

E

emisario de Dios: Una persona que vive la Verdad de Dios.

energía: Poder innato que surge de su verdad –ya sea proveniente de la Conciencia Divina o de la terrenal–.

entidad: Cuando un individuo es denominado "entidad", este término se refiere al ser interior o al yo interior.

escritura automática: Aunque a la escritura canalizada se le denomina también a veces "escritura automática", está muy lejos de ser automática. Esta clase de escritura es un proceso que la escritora utiliza para fijar en el papel la comunicación de espíritu a espíritu entre ella y la Hermandad. Este procedimiento está vinculado a la percepción interior de pensamientos que se vierten en la mente receptiva de la autora por medio del canal abierto, de su conexión con la Conciencia Divina.

escritura canalizada: Cuando una comunicación de espíritu a espíritu se lleva a cabo por escrito, se le denomina frecuentemente "escritura canalizada". Sin embargo, todo tipo de escritura inspirada –sea poesía, narraciones, ensayos, inclusive música o cualquier otra expresión artística– es considerada canalizada.

espíritus atados a la Tierra: Cuando las almas –o espíritus– se separan de sus cuerpos y viven en el plano de existencia próximo al plano terrenal, algunas no se pueden desprender de su identidad terrenal. Se dice que estos espíritus están "atados a la Tierra".

Espíritu Santo: El Consejero, el Consolador, el Maestro, que es la actividad del Espíritu Santo, está centrado en esos espíritus avanzados llamados "la Hermandad de Dios".

eternalización: Este término se refiere a la meta u objetivo que usted visualiza en conjunto con sus ayudantes de la Hermandad. Los miembros de la Hermandad y usted trabajan con su verdad Divina para visualizar lo que se necesita, lo que se quiere. Luego, los tres en uno –el Espíritu Santo, el espíritu del individuo y el poder del Dios del Universo– transforman cualquier pensamiento generoso y digno en sustancia terrenal.

F

forma-pensamiento: El cuerpo humano es una forma-pensamiento, pues es la manifestación de aquella bondad creativa que emana de Dios. Otros forma-pensamientos son los pensamientos manifestados que nosotros creamos con la ayuda de Dios.

fuerza Divina: El poder de Dios que actúa acorde a los principios de la verdad. Este poder transforma los pensamientos en cosas.

H

Hermandad de Dios: Un grupo de espíritus avanzados se mantienen en el plano de existencia próximo al plano terrenal para llevar a cabo el trabajo del Espíritu Santo. Ese grupo es el Consejero, el Consolador, el Maestro que trabaja con seres del plano terrenal que abren sus espíritus a él. Este grupo de espíritus está constituido por guías que quieren ayudar a la gente a aliarse con el Dios del Universo con el fin de recibir verdad eterna y personal.

J

Jesús: El Hermano de los Hermanos (Jesús) se convirtió en la manifestación exterior del ser interior que vivió su vida conforme a su plan de crecimiento. Jesús, el hombre, fue el reflejo de su yo interior quien consumó su unidad con Dios.

L

ley espiritual: Cualquier Verdad Divina que opera en el seno del universo como ley –como lo que debe realizarse–.

M

mal: Un concepto arraigado en la mente de mucha gente como explicación de lo que esta denomina el "mal". Este concepto de una presencia mala dentro de una persona reduce el concepto de Dios, manteniendo al individuo concentrado en la ausencia de lo que ES Dios.

manifestación: El proceso que consiste en transformar su pensamiento en un resultado visible en el mundo físico. El éxito de este proceso parte de la comprensión y la aplicación de principios espirituales.

mente/espíritu: La mente está separada del cerebro. El cerebro es físico –material–; la mente es espiritual. Cuando se usa la palabra "mente/espíritu", ese término se refiere a la realidad dentro de nosotros –el alma o espíritu que es capaz, en cualquier y toda situación, de conectarnos con todo lo que Dios ES–.

N

Nueva Era: Se nos avecina la era en la que la Tierra debe recobrar la pureza de su ser. Cuando llegue esta era, nada será como fue. No obstante, quienes prestan atención a la Verdad de Dios, ayudarán tanto al planeta como a la humanidad a sobrevivir, a alcanzar la plenitud y a vivir totalmente en trabajo en equipo.

O

oración: Los religiosos utilizan la oración para poner a la humanidad en armonía con sus conceptos de Dios. La oración ofrece esperanza, consideración y una oportunidad para la veneración. Raramente se considera la oración como comunicación entre Dios y el hombre. Generalmente, es un ritual que conecta al hombre con un Dios que él no puede esperar comprender.

P

plan de crecimiento: Antes de que un alma o espíritu se integra al cuerpo de un infante en el vientre de su madre, esa entidad ha elaborado un plan con el fin de lograr la unión con Dios. Este plan, si está conforme a la naturaleza de lo que Dios ES, constituye una empresa cooperativa entre el Dios del Universo y el individuo.

plano de vida próximo al terrenal: El plano terrenal es donde nuestro yo espiritual –nuestra alma– se expresa en forma humana. El plano de existencia próximo al terrenal se compenetra con el terrenal, y es aquí donde la Hermandad de Dios trabaja como extensión del Espíritu Santo. Es también el lugar de llegada para espíritus que abandonan el plano terrenal, y de ida para espíritus que se preparan para reencarnar en el planeta Tierra.

presencias tiernas y gentiles: Estos espíritus trabajan en el seno de la Hermandad/del Espíritu Santo para reunir su ser con el Espíritu de Dios. Con la ayuda de estas presencias, los seres del plano terrenal pueden afrontar toda necesidad o inquietud con perfecta comprensión positiva. Con su ayuda, cada persona puede ser útil en la sociedad y puede ayudar a hacerle frente a las necesidades de otros, así como a las suyas.

R

reencarnación: Al vivir vida tras vida como hombres y mujeres, con distintas nacionalidades, como miembros de todas las razas, tenemos la oportunidad de ejecutar nuestro plan de crecimiento y realizar nuestra unión con Dios. La reencarnación es el plan de Dios que le da a la gente muchas oportunidades para crecer espiritualmente.

religión: Una organización que reúne a la gente en iglesias con el propósito de venerar a Dios y de hacer de ella buenos trabajadores. Generalmente, la religión le impide a la gente que descubra a Dios por su propia cuenta.

reposición: Cuando la gente hace uso de los dones de Dios, cuando la gente responde a la Verdad de Dios, provee a la Tierra y a sus vidas de lo que es la naturaleza de Dios.

S

Satanás: La personalidad del Viejo Testamento que personifica el mal en numerosas narraciones ficticias. Pero Satanás no tentó a la gente. Él era el que hacía las preguntas que la gente necesitaba responder para comprender su relación con Dios. Satanás y el diablo no son la misma entidad.

T

templo interior: Para ayudarnos en nuestro crecimiento espiritual, la Hermandad recomienda que creemos en nosotros un templo interior. Este templo es el lugar de encuentro para nosotros y la Hermandad. Es aquí donde estudiamos, meditamos y aprendemos.

trabajo en equipo: Este término es la fuerza básica del espíritu, pues sin el trabajo en equipo de la Hermandad/Espíritu Santo y el Dios del Universo, no puede haber ningún logro de valor permanente. El trabajo en equipo lleva a quienes comprenden su poder al reino de los maestros, los cuales pueden engendrar materia por medio de la semilla de Dios.

V

vaciarse (a sí mismo): Este es un proceso que consiste en limpiar la mente de pensamientos temperamentales y del ego, a fin de recibir la verdad Divina. La meditación, la disposición a liberarse de creencias personales y la confianza en su concepto más elevado de Dios son ejemplos de dicho proceso.

verdad: Cualquier cosa en la que usted crea es su propia verdad. La verdad que usted acoge en su interior y con la cual usted trabaja origina la trama de la experiencia de su vida. Su verdad consiste en los pensamientos poderosos que forman el centro o foco de su mente/espíritu.

verdad de la Conciencia Divina: Vea "Conciencia Divina".

Y

yo Divino: La entidad o persona que está aliada con Dios.

yo interior: La realidad de cada persona es el yo interior o el espíritu/el alma. Este yo interior ha vivido numerosas vidas y no morirá jamás.